John Constable

JOHN CONSTABLE

康斯太勃尔

［英］约翰·桑德兰 著
沈逸人 译

图书在版编目（CIP）数据

康斯太勃尔 /（英）约翰·桑德兰 (John Sunderland) 著；沈逸人译. -- 长沙：湖南美术出版社，2020.12

ISBN 978-7-5356-9208-5

Ⅰ. ①康⋯ Ⅱ. ①约⋯ ②沈⋯ Ⅲ. ①康斯太布尔 (Constable, John 1776-1837) – 生平事迹②康斯太布尔 (Constable, John 1776-1837) – 绘画评论 Ⅳ. ① K835.615.72 ② J205.561

中国版本图书馆 CIP 数据核字 (2020) 第 133885 号

Constable ©1998 Phaidon Press Limited
This Edition published by Ginkgo（Beijing）Book Co.,Ltd under Licence from Phaidon Press Limited, Regent's Wharf,All Saints Street,London,N1 9PA,UK, ©2020 Ginkgo(Beijing)Book Co.,Ltd.
All rights reserved.No part of this publication may be reproduced,stored in a retrieval system or transmitted, in any form or by any means,electronic,mechanical,photocopying,recording or otherwise, without the prior permission of Phaidon Press.

本书中文简体版权归属于银杏树下（北京）图书有限责任公司
著作权合同登记号：图字18-2017-098

康斯太勃尔
KANGSITAIBOER

| 出 版 人：黄　啸 |
| 著　者：[英]约翰·桑德兰 |
| 译　者：沈逸人 |
| 选题策划：后浪出版公司 |
| 出版统筹：吴兴元 |
| 编辑统筹：蒋天飞 |
| 责任编辑：贺澧沙 |
| 特约编辑：程文欢 |
| 营销推广：ONEBOOK |
| 装帧制造：墨白空间·张　萌 |
| 出版发行：湖南美术出版社（长沙市东二环一段 622 号）
后浪出版公司 |
| 印　刷：北京盛通印刷股份有限公司
（北京亦庄经济技术开发区科创五街经海三路 18 号） |
| 字　数：170 千 |
| 开　本：635 毫米 × 965 毫米　1/8 |
| 印　张：16 |
| 版　次：2020 年 12 月第 1 版 |
| 印　次：2020 年 12 月第 1 次印刷 |
| 书　号：ISBN 978-7-5356-9208-5 |
| 定　价：68.00 元 |

读者服务：reader@hinabook.com 188-1142-1266
投稿服务：onebook@hinabook.com 133-6631-2326
直销服务：buy@hinabook.com 133-6657-3072
网上订购：https://hinabook.tmall.com/（天猫官方直营店）

后浪出版咨询(北京)有限责任公司常年法律顾问：北京大成律师事务所　周天晖 copyright@hinabook.com
未经许可，不得以任何方式复制或抄袭本书部分或全部内容
版权所有，侵权必究
本书若有印装质量问题，请与本公司图书销售中心联系调换。电话：010-64010019

康斯太勃尔的生平与艺术

身为一位画家，康斯太勃尔既非泛泛之辈，又非不切实际之人——他特立独行而又脚踏实地。其独创精神在以下这句话中尤有体现："没有某两天是相同的，甚至没有某两个小时是相同的；自创世以来，同一棵树上也不曾有两片一模一样的叶子。"他的原创之处还包括尝试将一天的某个确切时间点的景象及英国天气的阴晴变化定格在画布上。"我爱康斯太勃尔的风景画……但他让我想带上我的大衣和雨伞。"亨利·福塞利对康斯太勃尔的称颂强调了后者在描绘多变而潮湿的气候方面的成功。康斯太勃尔追求的不仅仅是忠于大自然和对眼前所见之景不经挑选的绝对忠诚，还有一种严格遵守气象学规律，对周围环境之真实性的把握。他描绘在阳光或雨水洗礼下的景色，以及它们所传达的爽朗而有活力之感。他将本杰明·韦斯特的忠告牢记在心："光与影是永远不会停滞不动的。"康斯太勃尔在写给他的第一位传记作家查尔斯·罗伯特·莱斯利的信（1833年）中曾提到，莫尔雷夫人（Lady Morley）对他的某一幅作品给出过这样的评价："像带着露水一般清新，多么令人欢欣！"他随后又补充道："我告诉她——假如我真能配上她此般赞扬的话——这赞辞的一半就抵得上世间所有关于绘画的讨论。"

康斯太勃尔的作品是具有革新性的。在当时，他的艺术理念激进而坚定，和其同时代的艺术家或前辈所接受的传统观念背道而驰。18世纪英国风景画家所绘的作品大都千篇一律，多为对大自然的理想化描绘。他们并不会去实地观察景物，而是根据图片来作画。这些画家通常只是在无力地模仿克劳德·洛兰的作品，有时则是受17世纪荷兰风景画家（如雷斯达尔）的影响。用康斯太勃尔的话来说，他们的目光是狭隘的。实际上，在康斯太勃尔自己的早期作品中，他也在"翻阅大量图片，企图从二手资料中窥见真相"。大多数画家都遵守着某些为大众所接受的绘画传统，并以之为蓝本，来描绘叶片、来构图、来决定使用哪种颜色，并取舍画中元素。康斯太勃尔对这一切都不以为然。他走进大自然，试着忘却之前在图中所看到的景象。和与他同时代的威廉·华兹华斯一样，康斯太勃尔在尝试一条新的道路，一条前所未有的路。华兹华斯拒绝使用奥古斯都时期诗人的诗歌措辞和传统，康斯太勃尔也在抵制着18世纪风景画家常用的绘图语言。他知道自己在开拓新路，也意识到他所选择的道路之艰辛。《英国自然风景》（*English Landscape Scenery*）包含着一系列根据他在1830年所绘的作品而印制的美柔汀铜版画，他在为此书作的序中写道："艺术界里有采取两类方式作画的画家。一类是在一些成功画家的基础上，模仿他们作画，或是博采众长；另一类便是在大自然这第一手资源中寻找美。对于第一类人来说，他们的风格建立在对图画的学习之上，绘制的作品要么是模仿性的，要么就是融合了不同的艺术形式；对第二类人来说，对大自然的近距离观察让他们能够发现那些自然之中从未被人描绘过的特质，他们也因而能够发展出属于他们自己的原创风格。"

这并不是说康斯太勃尔对过去所有的风景画都嗤之以鼻。他崇拜克劳德和雷斯达尔，也敬仰理查德·威尔逊，因为他在他们的作品之中

图1

自画像

1806年
铅笔
19cm × 14.5cm
约翰·康斯太勃尔遗产执行人

看到了直接源自大自然的灵感。康斯太勃尔所轻视的，是那些抄袭者和模仿者，如与他同处一个时代的、被称为"英国的克劳德"的约翰·格洛弗（John Glover）。实际上，在康斯太勃尔的艺术中有一个悖论。他是一位极富创新精神的画家，但他也希望自己的作品可以被归入欧洲风景画的传统。这也是他在19世纪20年代期间，为皇家艺术研究院的展览绘制足有6英尺长的油画的原因之一。在康斯太勃尔于1821年写给他的好友，索尔兹伯里大教堂的会吏长约翰·费希尔（John Fisher）的信中说道："……我只有站在6英尺的画布前，才觉得自己是真正地在工作……"。创作大尺幅——如《干草车》（彩色图版23）和《跳跃的马》（彩色图版37）——而又不失在画下初稿时所带有的那种自发性和坦率特质的参展作品，是康斯太勃尔终其一生想要解决却从没能完全解决的难题。他通常的做法是，在夏季置身于乡野之间感受自然，并在画板或纸张上用油性颜料打出草图，再于冬天和早春，在位于伦敦的画室里试图将这些生动的草稿融入他那一年要完成的大幅油画作品中。

1776年6月11日，约翰·康斯太勃尔出生于萨福克郡的东伯格霍尔特。他是戈尔丁·康斯太勃尔的第四个孩子。彼时，身为磨坊主的戈尔丁刚在东伯格霍尔特的村子里建了座壮观的住宅。他很富有，在弗拉富德和戴德姆都拥有磨坊。康斯太勃尔所经历的家庭环境和村庄生活正如简·奥斯汀在她的小说中描述的那样。他父母的社会地位足够高，让他们能被邀请去参加邻里大户人家的聚餐。1816年，当戈尔丁·康斯

图2
斯特拉特福磨坊

展出于1820年
布面油彩
127cm × 183cm
私人收藏

太勃尔去世时，他留下了价值 13 000 英镑的遗产。因为他哥哥在智力方面的缺陷，约翰·康斯太勃尔理应继承家中产业，但实际上，约翰最小的弟弟艾布拉姆（Abram）最终接手并经营着磨坊。在他 7 岁的时候，约翰就被送往距离东伯格霍尔特大约 15 英里的寄宿学校。在那里完成学业后，他前往位于拉文纳姆的一所学校继续求学。据说，该校校长会无情地鞭打学生。在离开这所学校后，康斯太勃尔又被送往一所位于戴德姆的语法学校。他在上学的路上，每天都会经过出现在现藏于英国国家美术馆的《小麦田》（彩色图版 39）中的林荫小道。在语法学校，康斯太勃尔受教于既有才华又有良知的格里姆伍德教授（Dr Grimwood）。

打从一开始，康斯太勃尔就深深地被斯陶尔河谷的风景——尤其是东伯格霍尔特和戴德姆附近长约 6 英里、宽约 2 英里的那一小块区域——所吸引。多年以后，他在写给约翰·费希尔的一封信（1821 年）中说道："……我将自己'无忧无虑的少年时代'与斯陶尔河两岸的景象相连。是那里的风景让我成为一位画家，我满怀感激——为我在初次触碰铅笔之前，脑海中就已能时常浮现出这些场景而心怀感恩。"虽然康斯太勃尔曾计划成为一名神职人员，而他后来又在皮特（Pitt）农庄的磨坊——它出现在他的作品《戈尔丁·康斯太勃尔的菜园》（彩色图版 12）中——干活，但他在年幼时期就梦想成为一名画家。康斯太勃尔在他家附近的田野中作画，时常陪伴在他左右的是约翰·邓索恩（John Dunthorne）——另一位约翰·邓索恩的父亲，后者后来在康斯太勃尔的画室中做助手。康斯太勃尔的雕版师大卫·卢

图 3
斯陶尔河上的水闸

1827 年
铅笔
22.5cm × 33.3cm
维多利亚与艾伯特博物馆，伦敦

图4

驶过水闸的船只

1829 年
布面油彩
101.5cm × 127cm
皇家艺术研究院,伦敦

卡斯（David Lucas）曾这样形容他俩的作画方式："［老］邓索恩和康斯太勃尔在工作时都有条不紊，他们带着画架走进田间，在每天的一个特定时间段内只对某一处场景进行描画。当描绘对象的阴影发生变化时，他们也随之停下画笔，直到第二天的同一时间再继续作画"。

虽然康斯太勃尔的父母对他的志向表示不解，但他们并没有反对他多久。然而，他的母亲还是敏锐地意识到，康斯太勃尔以画风景画维生的可能性是很低的。当康斯太勃尔在伦敦学习，并在之后作为一位画家工作时，她在写给他的信中一再敦促他管理好自己的经济状况，并鼓励他将重心放在肖像画上。在1809年的一封信中，他的母亲写道："……亲爱的约翰，我是多么希望你的职业能为你赚到更多的钱啊，你到底要到什么时候才能实现这一点!!!"许多一心想成为风景画和静物画画家的人都抱怨道，要赚钱，只能从肖像画，或"讨好有权有势之人"入手。实际上，在康斯太勃尔的有生之年，风景画或者说至少是那些看上去普通而又平凡的风景画，在高雅艺术中并不占有一席之地。此类画作最终被广为接受的事实在一定程度上反映了康斯太勃尔的成就，虽然这一成就在他生前并不受人重视。这也部分解释了康斯太勃尔在销售作品时遇到的困难。康斯太勃尔确实尝试过画肖像画来补贴收入，尤其是在19世纪20年代以前，但他的心并不在此。

康斯太勃尔的童年和少年阶段对于他最终成为一位艺术家起到了至关重要的作用。终其一生，他在夏日回到东伯格霍尔特，从他熟悉的场景中汲取新的灵感。他最好的画作都是描绘斯陶尔河谷和和英格兰的其他地方，这些他熟悉的地方带给了他愉快的联想。他并不能像透纳一样，随意到某个地方，就能画下那边的风景。他在用真情实感作画前，必须先将自己深深融进那个地方。康斯太勃尔曾在 1799 年从伦敦写信给约翰·邓索恩："这美妙的天气几乎让我感到忧郁，它几乎是强行让我想起我们一同游览过的地方、描绘过的场景。我爱村庄中的每一个梯磴，每一座树墩，每一条小巷，这些深深嵌在我脑海中的景物都是些早期的印象。"

康斯太勃尔不但热爱斯陶尔河谷的风景，他的心也与所有与之相关的人为活动和工业相连。查尔斯·罗伯特·莱斯利曾写道："他笔下的大自然与社会的关联尤其紧密——无论风景本身是多么地宏伟壮阔，都比不上它在与人类互动时那么令人舒心。"这种对人与周围环境和谐共处的兴趣在先前的风景画（特别是意大利风格的风景画）中并不常见。在早先的风景画中，人物若非取自古典神话，便是来源于《圣经》，他们的出现与景色并无特别关系。还有一种情况是，他们的姿态仅仅是为了完善整体构图，强调某个视角，或将观者的目光引导至画面的某一部分。相比之下，康斯太勃尔笔下的人物不仅在风景中仪态自如——他们或是在劳作，或只是在走路、站立或坐着——他们在画中所处的位置也很自然。在他那一系列描绘汉普斯特德的风景画中——如《汉普斯特德荒野：布兰奇丘之池》（彩色图版 42）——的人物便是极好的例子。康斯太勃尔对斯陶尔河谷的日常尤有兴趣。在《白色的马》（彩色图版 21）中，用来拖驳船的马匹被渡到了河的另一边，也即从河岸一侧的拉船道处转移到了另一边。在《弗拉富德磨坊》（彩色图版 16）中，船缆则

图 5
汉普斯特德荒野

约 1820 年
布面油彩
38.5cm × 67cm
泰特不列颠美术馆，伦敦

被解开以让驳船通过桥底。在《跳跃的马》（彩色图版 37）中，拖驳船的马匹正跃过其中一个防止牲畜走失的低栅栏。在《弗拉富德磨坊旁的造船》（彩色图版 11）中，一艘在建造中的驳船正停靠在河边，在《春天——东伯格霍尔特荒地》（Spring-East Bergholt Common）中，磨坊则出现在耕种之景则出现在了风车的右侧。康斯太勃尔对细节十分苛求。他曾批评另一位画家某幅作品中的耕种场面，称他所描绘的并非是在那片区域所能见到的景象。他的弟弟艾布拉姆·康斯太勃尔在约翰死后曾给莱斯利写信说道："当我看到约翰笔下的磨坊时，我都能想象出它旋转着的样子，其他画家的作品并不都是如此。"康斯太勃尔热爱这些平凡的景象，并在其中寻觅到了他画作中的全部主题。

1796 年，康斯太勃尔遇见了约翰·托马斯·史密斯（John Thomas Smith），后者作为约瑟夫·诺勒肯斯（Nollekens）的传记作家为人所知。康斯太勃尔最早一批犹豫不决、像是外行人画的村舍组画便是受史密斯所描绘的同一主题的作品影响。事实上，康斯太勃尔的早期作品品质并不那么高，他的天赋也很一般。寻找正确画法的摸索阶段是条艰难的路，他早期的油画作品在绘制上较为薄弱。绘画对康斯太勃尔来说并不是件容易的事，这在很大程度上决定了他的艺术理念，并随之影响了他后来的成熟作品。也正是这样的困难为他的作品带来了直接性和完整性，并至少在他的最杰出作品中抹去了矫揉造作之感——如果他是个神童，很可能就会缺少这类品质。对于康斯太勃尔来说，他的缺陷也同时是他最闪光的长处。在于 1800 年从伦敦写给邓索恩的一封信中，他写道："……我发现为了掌握技法，有时努力模仿是有必要的。"当他于 1799 年在皇家艺术研究院入学时，他曾花费大量时间仔细描摹沉闷的学院派裸体画，但正是这一练习——虽然一定没给他的老师们什么鼓舞——使得他最终对形体有了准确的把握。

康斯太勃尔在绘画生涯早期时所受的影响对他后来的发展起到了至关重要的作用。在 1796 年，他遇见了乔治·博蒙特爵士（Sir George Beaumont），即他最早的赞助人之一。康斯太勃尔后来见到了博蒙特那一小幅由克劳德所绘的《夏甲与天使》（Hagar and the Angel），对之喜爱至极（此画现藏于英国国家美术馆）。据说博蒙特十分喜爱这幅作品，他为它特制了一个盒子，以便到哪儿都能将这幅画带在身边。康斯太勃尔多次临摹此画，它的构图反映在他于 1802 年所绘的《戴德姆河谷》（彩色图版 3），和现藏于苏格兰国家美术馆的另一幅尺幅较大、作于 1828 年的画作中。康斯太勃尔还有可能是通过博蒙特而知晓了理查德·威尔逊的作品。博蒙特的友谊和资助形成了一种有洞察力的鉴赏标准，其中并不夹杂着困惑，而康斯太勃尔从后来的赞助人索尔兹伯里的主教费希尔，甚至有时从后者的侄子会吏总长费希尔的友情中发现了困惑。对于康斯太勃尔那有限的朋友和赞助人圈子来说，几乎所有人都不明白，为什么他不遵循同时代那些画家的画法。

在这一时期，康斯太勃尔读到了格斯纳（Gessner）撰写的关于风景画的文章，并在临摹风景雕版画的过程中采纳了他的建议。康斯太勃尔特别中意雷斯达尔的蚀刻版画，不仅时常临摹，还多次购买，在此过程中险些破产。除此之外，他还遇见了颇具影响力的皇家艺术研

图6

布莱特威尔教堂和村庄，近伍德布里奇，萨福克郡

1815年
板上油彩
15cm × 23cm
威廉·德拉蒙德修道院花园画廊，伦敦

究院的幕后谋士约瑟夫·法林顿，后者也是年轻画家的赞助人兼朋友，将康斯太勃尔介绍给不少重要人物。康斯太勃尔同时还仰慕庚斯博罗。他在1799年从伊普斯威奇写给约翰·托马斯·史密斯的信中说道："对风景画家来说，这是最令人舒心的一片土地，我想我能在每一丛树篱和每一个树洞中见到庚斯博罗。"康斯太勃尔的早期作品中有一些便受到了庚斯博罗的影响，如现藏于维多利亚与艾伯特博物馆、作于1802年的《树林》（彩色图版2），其中对树叶的处理及在画布上铺上浅色的薄颜料的做法都让人联想到庚斯博罗的风格。虽然康斯太勃尔的画作渐渐与庚斯博罗的作品再无相似之处，他对后者的敬爱从未削减——庚斯博罗对风景和萨福克郡乡村景色的执迷给他留下了深刻的印象。尽管庚斯博罗对细节并无兴趣，但是他的作品清晰地表现了他对风景的深情。康斯太勃尔在晚年评论道，庚斯博罗"笔下之物旨在传达一种细腻的情感，而他在这方面十分擅长"。当人们看到他的原创性和对时下传统的抗拒时，也许会对康斯太勃尔长期的学徒生涯表示费解，然而他一直以来都对潜心研习前人的画作之重要性有清楚的认识。这一认知于1836年，亦即他生命的最后，被他简略提及："一位自学成才的画家是受教于一位极为无知之人的。"

1801年，康斯太勃尔造访了德比郡的峰区。虽然他在那里完成的精美素描作品不仅展现了他高超的技艺，还很吸引人，但它们并没有体现出他后来的画作之特色。即使并非是他取得重大艺术成就的一年，1802年仍然是康斯太勃尔在理念的成形及明确目标、抱负方面迈出重要步伐的一年。他作于那年5月的水彩画《越过河面所见的温莎城堡》（彩色图版1）依稀可见塞缪尔·斯科特和卡纳莱托的影响，这表明康斯太勃尔还处在"临摹并在二手资料中寻觅真理"的阶段,但他在此月的 29 日寄给邓索恩的信中写道:"我应该回到伯格霍尔特。在那里,我还能努力使用纯粹的方式来表现眼前的场景……那边还有自然画风(natural painture)的空间。当今社会中的恶行之一便是宏大的壮举(bravura),一种想要把事情做得超过其本质的尝试。流行的事物曾有过,未来也会有盛行的时候,但只有存在于一切事物中的真理才有可能会延续下去,并在后世得到公正的评价。"康斯太勃尔的确写下了"painture"这个词。它通常被理解为"画家",但康斯太勃尔在使用它时也许意味着"画的风格",或"画的类型",而非"画家"。他对此深信不疑,这一信念还在不断地巩固并加深。一年后,他写信给邓索恩说道:"我现在比从前的任何时候都要确信,我迟早会画出一些好作品。"

康斯太勃尔接下来几年的生活虽然并没有在他自己的文字中被很好地记录下来,但有一点是明确的,即他从那时开始直接从大自然中取景,尝试将他眼中所见的景象真实地描画下来。他并不希望任何有关一幅作品应该是什么样的、应该如何作画之类的固有想法与他和面前的风景之间有所交织。康斯太勃尔的方法兼具科学性和情感。他试图寻找一种能尽可能真实地表现他双眼感知到的场景的绘画语言。这种对自然的极度忠诚在他于 1815 年所绘的那两幅描绘从他父亲在东伯格霍尔特的房屋一楼望出去的场景的画作——《戈尔丁·康斯太勃尔的菜园》(彩色图版 12)及《戈尔丁·康斯太勃尔的花园》(彩色图版 13)中便可见一二。这是一场持久战,当我们在追溯康斯太勃尔从 1802 年开始创作的——如描绘戴德姆河谷素描,到 1815 年在皇家艺术研究院展出的《弗拉富德磨坊附近的造船》(彩色图版 11)时,他的努力便显得尤为明显。

康斯太勃尔于 1802 年创作《戴德姆河谷》时所用的手法已然与许多传统意义上的处理方法背道而驰——相比起鉴赏家偏爱的主流棕色调,他在尽可能地复原大自然中多种多样的绿色。莱斯利记录道:"乔治·博蒙特爵士建议将老旧的克雷莫纳小提琴的颜色用作所有物体的主色调,然而康斯太勃尔对此提议的回应却只是将一把旧提琴置于房前的绿草坪上。"不过,《戴德姆河谷》中的笔触还是较为传统的,尤其是在对树叶和平淡无奇的天空的处理上——它们仅仅是为风景和整体结构起到点缀作用,这反映了康斯太勃尔对克劳德的《夏甲与天使》的学习。

1806 年,康斯太勃尔曾到访湖区。这段行程几乎是当时风景画家的必经之旅。他在博罗戴尔和凯斯维克所作的油画和水彩画不仅有趣,还具有重大的意义。尽管康斯太勃尔声称重重大山"压迫"着他——这壮美的湖区让他感觉不到在家时的自在,但他的作品与同时期的艺术家所绘的传统"如画"(picturesque)作品大相径庭。它们被处理得更为粗犷而自由,强调气候和藏在雾中之山那有雨意的环境。他在大量素描的背面记下当时的时间和天气状况。这一行为一直延续到他生命的最后,特别是在他于 19 世纪 20 年代间所创作的云朵习作中。比如,在《博罗戴尔的风景》(彩色图版 4)的背面,康斯太勃尔便粗略地在铅笔稿旁写下:"博罗戴尔,1806 年 10 月 4 日,正午,雨后的云消散开去。"

对康斯太勃尔来说,下一个关键时期是 1810 年至 1816 年间,当他在东伯格霍尔特度过夏天,并在农田和周围的乡野间画速写的时候。

这些年也是他对玛丽亚·比克内尔展开漫长的追求的时间段。在这一阶段内，康斯太勃尔于1811年创作了《乡村集市》（*Village Fair*）；大约是在1810年至1812年间，他还创作了《弗拉福德水闸附近斯陶尔河上的驳船》（彩色图版8）和《越过斯陶尔河上水闸所见的弗拉富德磨坊》（彩色图版6）这两幅让人拍案叫绝的直接取景画作。在后两幅油画速写中，康斯太勃尔显然在试图抹去他脑海中对艺术作品的固有看法。其笔触坦率而带有自发性，几乎像是在反映康斯太勃尔在作画时的忘我，一心想把眼前所见描画下来时的专注。这两幅画作中的天空都被处理得如风景本身那样厚重而有力，成为整体构图的一部分。天空在康斯太勃尔的成熟作品中占据着重要位置。在《戴德姆河谷》中并无任何传统、纤细松弛的笔触，每强劲的一笔都将他在现实中看见的景象传递到画布上，成为它所描绘对象的视觉呈现的元素。在此，康斯太勃尔感兴趣的并不是光线、色调和颜色的那些令人舒心的效果，他在大自然面前那强烈的情感都被原汁原味地转移到了画作之中。一种与风景的直接关联，及有朝气、有生机的感觉跃然布面。通过这些习作，人们会发现，对康斯太勃尔而言，作画的过程比最终成稿更为重要。康斯太勃尔本人就曾说过："对我而言，绘画与感受是同义词。"

在完成诸如此类的油画速写后，康斯太勃尔于1815年展出的《弗拉富德磨坊附近的造船》标志着他的另一个重要的里程碑。在这幅画中，他旨在在室外，在描绘对象的面前，完成一幅完整的画作，而非一幅习作或速写稿。这是他早期试图在成稿中加入草图般自发性画法

图7
磨坊的溪流

约1813—1814年
板上油彩
20.5cm × 28.5cm
泰特不列颠美术馆，伦敦

的尝试之一。虽然用色真实，对细节的处理在还原性方面也近乎完美，但整体却并不尽如人意。这是一幅才华横溢的细节堆砌之作，本身却缺少一个主题。画中并无能照亮不同部分的主光源，将它们串联成一个和谐的整体。康斯太勃尔于1817年创作的《斯陶尔河上的弗拉富德磨坊》（彩色图版16—18）也受到同样的诟病。不过，这幅画有所进步的地方在于，天空变得更具主导性，并控制着整体色调。一直以来，康斯太勃尔都十分清楚天空在风景画中的重要性。在1821年，他引用了乔舒亚·雷诺兹爵士对提香、萨尔瓦多·罗萨和克劳德的评价："连他们笔下的天空都像是与画中人物有共鸣。"康斯太勃尔又根据自己的理解接下去说道："我时常收到如下建议，让我将天空当作'丢在物体后方的白布'。当然了，如果是像我所画的天空这样惹眼的确是不好，但不像我那样画，对天空不予重视则更糟。对天空的处理方式应该和我一样，将它变为在整体结构中起到积极作用的一部分。"

1810年至1816年间的这段早期发展过程为康斯太勃尔提供了跳板，使得他可以进入到创作参加大展的作品的阶段中，这些参展作品也是他自认为最重要且不朽的作品。正是在这些年中，康斯太勃尔进行了大量的油彩速写，有些画在布面上，有些则画在了纸张或木板上，为后续工作打下了浅褐色底稿。油彩速写并非什么新鲜技法，然而相比之前的艺术家来说，康斯太勃尔把它视为一种具有更为重大的意义的创作方法。他不仅（准确来说应该是鲜少）用它来描画出结构，而这正是油彩速写在先前画法中的主要用途。相反，康斯太勃尔近乎是用它来给画作收尾。我用了"近乎"这个词，因为康斯太勃尔从不将一幅油彩速写看作是完成的作品，或是一幅可以被展出的作品。他觉得它有一些弱点，因为"在速写中，只存在一种想法——一种你在作画时所处的状态之下的想法"。不过，就像数学家用黑板，科学家在实验室用器材一样，康斯太勃尔也用速写来解决问题。实际上，与科学家进行比较并不像听起来那样毫无关联：康斯太勃尔的艺术是科学性的，而他的油彩速写可

图 8
树桩的习作

约1821年
纸上油彩
25cm × 29cm
维多利亚与艾伯特博物馆，伦敦

以被视为他的实验。他写道："在这个时代中,人们不应盲目地对绘画感到惊奇,或认为这只是一种诗意的夙愿,而应将它当作一种合理、严谨而机械性的追求。"康斯太勃尔的前辈们在进行油彩速写时运用的技法多大同小异——如威尔士画家托马斯·琼斯和法国画家皮埃尔·亨利·德·瓦朗西纳——但当他们将这些速写转化为最终成稿时,会把它们还原到传统而标准的克劳德式结构。康斯太勃尔试着将他速写中直截了当的处理方式转移到成稿之中的举措,几乎是在将他的大幅画作变为速写,而不仅是借助速写来创作大尺幅的作品,或是把它们当作一旦成稿在手就将其丢弃的有趣实验。

他很少会像别人那样,在画室中画速写。他描绘的时常是大自然中的角落,虽然在构图方面不很令人满意,但却因其直接性而令人印象深刻。他的《会吏长费希尔住处那边的索尔兹伯里的风景》(View at Salisbury from Archdeacon Fisher's House)所呈现的被切割视角的确会显得有些别扭,不过这远比我们看到的那些有着精细构图的作品要来得真实。人们可以想象康斯太勃尔坐在一楼的窗前,望向窗外的花园和树丛的样子。他的画作中很少有人工或筛选安排的痕迹。

虽然以上讲述的都是他早期的发展,但康斯太勃尔在1816年已满40岁。经过了从1811年便开始的漫长追求,他终于在这一年与玛丽亚·比克内尔结为夫妻。这段婚姻曾受到女方的外祖父鲁德博士的无情反对,他作为东伯格霍尔特的教区牧师,在村子中有极大的影响力。康斯太勃尔的婚姻生活幸福美满,唯一的阴影便是他夫人的病躯,以及她于1828年的早逝。在那之后,康斯太勃尔本就暴躁的脾性变得更为忧郁,他那内向而与世隔绝的态度也更为明显。实际上,康斯太勃尔从来都不是一位能与世界和平相处的世故之人。他一直以来坚决地拒绝任何形式的妥协,或是牺牲哪怕是一丁点儿他的价值观。这也意味着,他与赞助人和同时代的艺术家们之间的关系时常会紧张,有时甚至是充满敌意。他曾在伦敦与艺术家拉姆齐·理查德·瑞奈戈(Ramsay Richard Reinagle)交好,但没过多久,他就开始反对瑞奈戈的艺术,这也葬送了他们的友情。当被激怒时,康斯太勃尔便会变得毒舌,他强烈的情感和时有时无的自以为是及自爱自怜的性格并没能缓和任何关系。在他对费希尔说的话中有一些道理,"滑铁卢对我们来说是仁慈之地",但他令自己的处境变得更糟了。康斯太勃尔拒绝描绘他潜在客户所希望看到的画面,哪怕只是略微地做出一丝妥协,他还声称他只为自己作画,然而,他还是渴望得到认可,并会天真地因为评论家或其他画家对他作品的赞扬而感到高兴。他在画作中,在他的家人和极少的亲近朋友处找寻慰藉,这很大程度上也拯救了他。在1823年,他曾给费希尔写信说道:"我有一个属于我自己的丰饶而人口众多的王国——我的风景画和我的孩子们。"

康斯太勃尔并没能因为作画而赚上多少钱——至少直到19世纪20年代中期,画作收入都不够他生活。在19世纪30年代早期,他每年可以挣700至800英镑,但与他同时代的一些人卖出一幅画就能得到这个数目。在1816年,他的一幅风景画若是能卖到30镑就该谢天谢地——如果真能卖得掉的话。在他父亲于1816年去世后,康斯太勃尔每年可以从家族遗产中得到200磅。具有讽刺意味的是,他的夫人在离世前不

图9
从主教的庭园看索尔兹伯里大教堂

展出于 1823 年
布面油彩
87.5cm × 112cm
维多利亚与艾伯特博物馆，伦敦

久继承了她外祖父——也就是他们婚姻的坚决反对者——的遗产。这意味着康斯太勃尔的晚年是衣食无忧的。

1819 年，康斯太勃尔被推选为皇家艺术研究院的候补院士。直到 1829 年（即他 53 岁那年），康斯太勃尔才正式成为院士。在此之前，他愤恨地眼睁睁看着比他年轻的艺术家当选。这既体现了人们对康斯太勃尔的艺术缺乏理解，又表明了描绘大自然的风景画在学院体制下的地位之低，以至于他需要经过如此漫长的等待才得到认可。在他晚年，康斯太勃尔参与到学院事务之中，甚至还为公示委员会（hanging committee）出力，但总体来说，他并不待见他的同僚院士。不过，他的确承认，皇家艺术研究院是能让在世的英国艺术家受到肯定的一个机构。赞助人偏爱传统作品，画商经手的通常是"老大师们"的作品，雕版家和版画商则从版画中大量获利，但在艺术研究院里，康斯太勃尔的名字变得为人所知。在萨默塞特府，也就是展出作品的地方，一幅作品若非是被挂在"不高不低的地方"（on the line，为院士们保留的位置）则难以被看到，除非某位画家创作了巨大尺幅的作品，否则他很难被注意到。这也许是康斯太勃尔在 1819 年开始创作展于艺术研究院的大尺幅作品《白色的马》（彩色图版 21）的主要原因之一。这是一幅成功的画作，展现了康斯太勃尔许多大尺幅作品所具有的闭合性（close-in）构图。画中虽并无远景，却细致呈现出被后排的树木包围的斯陶尔河边的生活场景。它具备康斯太勃尔最杰出的画作中所具备的自然而有朝气之感和丰富的细节，以及厚重色块。费希尔意识到此画的优点，并花费100英镑将其买下，不过其中一部分原因也是希望帮助他这位经济困难的朋友。在1820年，当这幅画挂在费希尔的房屋中后，他写信给康斯太勃尔道："我夫人说，当她的目光从这幅画上转移到花园，再回头看这幅画时，她发现了这两者之间的共性。"

  康斯太勃尔旨在把接下来的一系列大尺幅参展画作载入可以追溯到雷斯达尔和克劳德的欧洲传统风景画的史册之中，所以他在对它们的处理手法和主题的选择方面都十分有独创性。在这之前，尤其是在18世纪的英国学院圈，人们认为描绘普通自然风光的作品并不具有被与最高级别的艺术相提并论或以最高水准评判的资格。它们应为对大自然理想化的、普遍化的描画，也许可以加些古典或《圣经》故事中的人物来使它们变得高贵。乔舒亚·雷诺兹爵士——皇家艺术研究院的首任院长，康斯太勃尔因为他为英国艺术所做出的贡献而敬仰他——曾声称，"普通"或"平庸"的特质并不能产出优秀的作品。然而，康斯太勃尔之所以想要画"普通"的自然景观，是因为他相信，"普通"的自然景观中蕴涵着高尚，富于教益，甚至是神圣的元素。他表示，在自然界

图10
阿伦德尔磨坊和城堡

展出于1837年
布面油彩
72.5cm × 100.5cm
艾德华·德拉蒙德·利贝的捐赠，托莱多艺术博物馆，托莱多，俄亥俄州

图 11

戴德姆附近的斯陶尔河上风景

展出于 1822 年
布面油彩
129.5cm × 188cm
亨利·E. 汉庭顿图书馆和美术馆,圣玛利诺,加利福尼亚州

中没有"丑陋",他还坚信,越是真实地表现,越能得到高贵的效果。这一坚定信念在他对吉尔伯特·怀特所写的《塞尔伯恩博物志》(*The Natural History of Selborne*) 的仰慕之情中也有所体现。这是一本研究汉普郡的小村庄及其周围森林中的自然生物的书。"怀特先生所写的哪怕是一页书,"康斯太勃尔写道,"都比查尔斯五世或其他任何声名远扬的英雄在我脑海中所留下的印象更为深远——这本书展示的是一位真正的大自然热爱者会做的事……"

1821 年,康斯太勃尔在皇家艺术研究院展出了《干草车》。这幅画在展览图录中被称为《风景:正午》(*Landscape: Noon*)——典型地体现了康斯太勃尔对一天中准确而特定的某个时间点的兴趣。此画是受到一些习作和油彩速写——尤其是《威利·洛特的农舍》的启发后,由现藏于维多利亚与艾伯特博物馆的全幅速写加工而得。也正是从这时起,康斯太勃尔开始画全幅习作来为最后参展的作品做准备。现如今,《干草车》的名气之大使得人们难以欣赏它的原创性和艺术价值。它的构图具备雷斯达尔的佳作中的壮观之景——这也令一位新闻评论家将其与后者的画作相比较——的同时,作为一幅描绘在不断变幻的天空下的风景的画作,它也兼具活力、生命力和朝气。为了达到这样朝气蓬勃的效果,康斯太勃尔无可避免地牺牲了"完成度",也就是在当时的收藏家社群中最受欢迎的充满细节的画作表面。实际上,在康斯太勃尔还在世的时候,主要针对他的批评声之一就是其画作的"未完成"。即使是他在创作《从主教的庭园看索尔兹伯里大教堂》（*Salisbury Cathedral from the Bishop's Grounds*，图9）时，约翰·费希尔都在怂恿他在画作中多一点"添头"，来取悦潜在的买家。康斯太勃尔在于1823年写给费希尔的信中清楚地表达了他对索尔兹伯里大教堂的感受。他写道："我并不拒绝在作画时描绘窗户、扶壁之类的物体，但我像往常一样，对逐渐消失的明暗对比持逃避态度。"

在康斯太勃尔的大尺幅参展作品中，《干草车》展现了他最为完整的艺术理念。在这幅画中，他的艺术达到了最高水准。如果真要说有什么瑕疵的话，只能是康斯太勃尔尽力想要达到的对大自然的忠诚并不能完全呈现在画布上。在构图和作画的漫长过程中，与大自然直接接触时的自发性是无法不遗失掉一些的，但是在《干草车》中，朝气被尽可能多地保留了下来。从那时起，要说有什么改变的话，就是康斯太勃尔不再对大自然绝对忠诚。他的作品变得更富有感情，同时也更为温和，而他的个人特质也愈来愈明显。在《干草车》中所见的艺术家与景物的和谐在后期作品中不再出现，而艺术家的情感、激情和个人处理方式及其他元素则变得更引人注目。

相比在英国，《干草车》在法国更受人欢迎。夏尔·诺蒂埃（Charles Nodier）于1821年在皇家艺术研究院看到了这幅画作，他写道："展览的中心是康斯太勃尔的大幅风景画，它让古典或现代大师都很难拿出能与它相提并论的作品。"康斯太勃尔在1822年写给费希尔的信中说道："在我的那幅大幅作品上有些分歧……有人愿意出70英镑将其加入巴黎的一场展览。"他早先曾要价150英镑，考虑到这幅画几乎是他一整年的成果，这个价格并不是很贵。康斯太勃尔对"被一个法国人砍价"这件事表示很不情愿。这位法国人便是画商阿罗史密斯（Arrowsmith），他最终花了250英镑购买了这幅作品及在1822年展于皇家艺术研究院的《斯陶尔河上的风景》（*View on the Stour*）和小幅习作《雅茅斯》（*Yarmouth*）。1824年，《干草车》在巴黎沙龙中展出，并获得了金质奖章。它受到出色的法国艺术家——包括热里科和德拉克洛瓦——的追捧，画中的朝气蓬勃之感和自然主义毫无疑问地对一些法国风景画家产生了影响，尤其是保罗·于埃（Paul Huet）。在1824年至1830年间，康斯太勃尔的多幅作品都因为不同的原因在法国展出。虽然在1830年以后，他的作品变得不再那么流行，但是相比英国风景画家，它们对法国风景画家的影响要来得早许多。在英国，甚至当康斯太勃尔快要去世时，他的作品都很少为人所知，并通常受到误解。

康斯太勃尔的云朵习作系列多是在1821年至1822年间，于汉普斯特德创作的。这些尝试是为了了解不同类型的云的真实形状和状态，以便他能够在最终画稿上画出更为准确的云彩。在这些习作的背面通常会有详细的笔记，如"1822年9月5日，10点，早晨，东南方向，西面刮来凛冽的风。非常明亮而有朝气，灰色的云朵在黄色土地上方的半空中快速移动。非常适合画奥斯明顿海岸"。康斯太勃尔大概是读过托马斯·福斯特最早于1812年出版，后又于1815年和1823年再版的《有关大气现象的研究》（*Researches about Atmosphere Phenomena*）。从这本书中，康斯太勃尔开始懂得如何通过可见的不同形状来给云朵分类。不过，相比将从空中飘过的它们的颜色和形态准确地描绘下来，他对分类一事倒无多大兴趣。这些严谨的云朵速写证实了康斯太勃尔的论点，在一幅画中，"云才是主题，是比例的标准和感官的中心"。如果我们对比他在1802年所作的有着相当淡薄二维式天空的《戴德姆河谷》（彩色图版3），和在1828年所作的有着可辨认形状的积云，并在整幅画的天空下都充斥着光影和新鲜感的《戴德姆河谷》（图16），康斯太勃尔通过这些习作所得的收获是显而易见的。

1825年，康斯太勃尔在皇家艺术研究院展出了《跳跃的马》（彩色图版37）。为这幅画所作的全尺幅习作相比《干草车》的草图来说要完善得多，色彩铺得也要厚实许多。实际上，他在处理草图和最终参展作品的方式上差别并不是很大。尽管康斯太勃尔忠于大自然的真实性，但最终稿和草图的对比展现了他会为了画作的整体平衡而改变结构。在《跳跃的马》的草图中，柳树位于马匹的右边，然而在终稿中，它却被移至左侧。画面左侧的驳船也有变化，而在前景左边，终稿中加进一条木梁，以期增加风景的深度及层次感。然而，不论康斯太勃尔如何改变构图，画作的主题一直保持不变："……水从磨坊坝流过去的声音……柳树、古老破烂的水岸、泥泞的木桩和砖墙。我爱这些事物……只要我还在挥笔作画，我就不会停止描绘这样的地方。"

除了对斯陶尔河谷的迷恋，康斯太勃尔还对与他的生活——尤其是与他自己的家庭——有紧密关联的地方很有好感：他在1816年度蜜月的威茅斯和邻近的村庄奥斯明顿；他的密友约翰·费希尔的家所在地索尔兹伯里；他的夫人在1824年以后因为身体虚弱时常会前往疗养的布莱顿；他在19世纪20年代后期位于伦敦的家，汉普斯特德荒野——这也是一片刮着清新之风的高地，启发康斯太勃尔画出他最富有朝气的习作和油画的地方。康斯太勃尔从未涉足英国境外，也从来没有过这样的想法。他只在事业初期在国内踏上过两次主要的旅程——去德比郡和湖区。

1829年，康斯太勃尔在皇家艺术研究院展出了《哈德雷城堡》（习作，彩色图版43）。这幅富含激情而又充满焦虑感的作品也许正反映了他在他夫人于上一年去世后的忧郁、绝望之情。此画作的灵感源于一幅在1814年的夏天所绘的铅笔素描稿，这或许是对那段违背女方家庭的意愿，快乐地追求玛丽亚·比克内尔的时光的下意识回顾。实际上，康斯太勃尔时常——尤其是在他事业后期——会在创作终稿时回顾他早期的速写。他在1836年创作的《巨石阵》（*Stonehenge*）水彩画是从一幅1820年的习作演变而得的。《河谷农庄》（*Valley Farm*）依据的是一张绘于1813年的素描，于1836年为悼念乔舒亚·雷诺兹而作《纪念碑》（*Cenotaph*）则是基于他在1823年于克雷欧顿（Coleorton，即乔治·博蒙特爵士的故乡）所画的习作。康斯太勃尔大概是在找寻当他对大自然有着最为自发性的反应时的早年之灵感。随着时间的逝去，他的自我风格毫无疑问地越来越突出，他还在他的作品中加入了似在燃烧的动感和激情，这些可从他的笔触上看出——断断续续的厚重色块和被称为"康斯太勃尔之雪"的白色颗粒。他对大面积光影的兴趣与日俱增，对细节和在如《斯陶尔河上的弗拉富德磨坊》这样的作品中出现的对景色的忠实描绘则变得不再那么在意。这一倾向在于19世纪30年代所作的《斯陶尔河谷的树丛和一片水域》（彩色图版48）中十分明显。在这幅画中，大块的深褐色令细节消失不见；在同样是于19世纪30年代创作的《水边的农舍与河流风景》（彩色图版47）中，

康斯太勃尔那断断续续的色块则体现了他晚期的"风格"——厚实的颜料、富有表现性的处理方式和整幅画中由厚重的纯色颜料覆盖在薄涂层上所构成的统一的表面肌理。在这里,我们所注意到的并非是画中的主题,而是画家的"风格",它将我们带离欣赏风景的轨道,而强迫我们将注意力集中在作画手法上。康斯太勃尔本人对此也很清楚。他在 1830 年写给费希尔的信中说道:"虽然我的树林 [《赫尔明汉姆小山谷》(*Helmingham Dell*)] 被大家喜爱,但我却因为你时常抱憾的我的作品缺少完成度而饱受折磨——你是对的。我的脑海中全是对朝气和活力的概念——明亮——直到它在很大程度上影响了我作画,这风格还代替了真理……人们在这一方面总是争论不休的——我们还时常会将它与大自然(道德感官的同义词)联系在一起——如果我们有端详大自然之决心的话。"这一"风格"在他早期的一些速写中也有所体现,如作于 1824 年的《拾穗者,布莱顿》(彩色图版 32),但它的确在 19 世纪 20 年代后期以前,都没有在他的终稿中有任何显著的痕迹——除了在他于 1825 年所作的《跳跃的马》中。

在 1830 年之后,康斯太勃尔时常会提及他对大自然的热爱,以及他对绘画的幻灭。他于 1831 年写道:"任何事物都无法胜过自然之美——它让画作黯然失色……"两年之后,他发表了更为激昂的言论:"仁慈的上帝啊——这可爱的艺术在费力地自我毁灭是多么令人悲伤的一件事——它只是在蒙蔽我们的双眼,蒙蔽我们看到阳光、原野里盛开的花朵,和听到树叶沙沙作响的感官——人们用那老旧的被处理过的肮脏布面,来取代上帝的杰作。"虽然康斯太勃尔在此所指的更多的是其他画家的风景画作品,但是他身为艺术家所感到的无助之情也显而易见。他向来无法忍

图 12
巨石阵

展出于 1836 年
水彩
38.5cm × 59cm
维多利亚与艾伯特博物馆,伦敦

图 13
丹尼尔·麦克利斯（1806—1870年），皇家艺术研究院院士：晚年的康斯太勃尔

1831 年
铅笔
15cm × 11.5cm
英国国家肖像馆，伦敦

受任何与自然有出入或不成熟的作品，当他感知到他自己的作品不像他所期望的与大自然相似时，他会觉得失败。他对非自然的仇恨还延伸到了景观式园林。他在1822年写道："我对没见过方特山并不感到遗憾。我并没有看景点的欲望，绅士的花园只会让我反感。"不过，他的确画过几座乡村住宅，如作于1809年的《马尔文庄园，沃里克郡》（彩色图版5）和作于1816年的《威文霍公园，埃塞克斯》(*Wivenhoe Park, Essex*)。但当他因为受委托，而非出于本意地描绘这些景象时，风景对他来说比房子本身更为重要。他画这些与地形相关的作品不是因为热爱这个主题，而是为了挣钱补贴家用。当他在1833年创作《恩格尔菲尔德庄园》（图18）的时候，他与他的赞助人理查德·贝尼昂·德·波伏娃（Richard Benyon de Beauvoir）产生了分歧，并最终不得不将他原先画在房屋前的几头牛替换成鹿——鹿相比牛更带有贵族气息，也更适合存在于"绅士的庄园"中。这幅画作曾在1833年于皇家艺术学院展出，一位评论者"告诉我，这只是一幅画了房子的画作，应该被放进建筑展示厅"。康斯太勃尔对此的尖刻回应是他一贯的作风，同时也表达了他的想法。他回答道，这是一幅"描绘夏日早晨的画作，只不过碰巧里面有座房子"。

一个时常被提起的论点是，康斯太勃尔在1829年完成充满浪漫表现主义色彩的《哈德雷城堡》之后，他的绘画走向了一个新方向——即生动而独特的娴熟技巧和成就斐然的最后一个阶段。在他生命最后的这几年所作的作品因为处理方式的深度和复杂程度而显得庄严宏伟。比如，在1831年创作的《从草地看索尔兹伯里大教堂》（彩色图版44）中，康斯太勃尔大量运用了在他画作中前所未有的象征主义。不过他这富有感染力而错综复杂的画作也是他个人沮丧之情的写照。在他夫人于1828年去世之后，尽管他从正在成长着的孩子们身上能得到极大慰藉，但康斯太勃尔的幸福世界还是渐渐变得空虚起来。在约翰·费希尔于1832年离世之后，康斯太勃尔与C. R.莱斯利以及后来成为朋友的与自己同姓却并无血缘关系的乔治·康斯太勃尔的友谊也不能填补这个空缺。随着年龄的增长，他的脾性非但没有变得温和起来，反而愈来愈暴躁。虽然他在1834年发现了阿伦德尔，并声称"我从未见过这样美丽的自然景观"，还遇见了来自佩特沃斯的新赞助人埃格勒蒙特伯爵，但这些经历都并未能给他带来新的灵感。1837年3月31日，康斯太勃尔与世长辞，时年60岁。

康斯太勃尔主要的成就集中在他发展自我风格的那几年，即大约在1802年到1819年间——尤其是当他于1819年在皇家艺术研究院展出他的第一幅"六英尺"画作《白色的马》之后的那几年，和他风格日趋成熟的19世纪20年代——从于1821年创作的《干草车》到于1829年创作的《哈德雷城堡》——他最后一个阶段的开端。虽然他充满激情地在艺术道路上追求理想，但却被狭窄的地理边界和严格受限的目的所制约。"我这受限而又抽象的艺术，"康斯太勃尔写道，"能在每一道树篱和每一个小巷中找到……"不过，和透纳一起，康斯太勃尔被尊称为英国最伟大的两位风景画家之一，并被认为是世界艺术史中的杰出画家之一。当人们欣赏《干草车》，或是他于1827年创作的《吉灵厄姆的磨坊》（*Gillingham Mill*，图45）时，很容易在观察近乎和大自然一模一样的画作的过程中，觉得他的艺术太过平淡无奇甚至老套。不过在当时，

他所做的努力——将大自然忠诚地以如此始终如一而小心翼翼的方式描绘下来——却是史无前例的，画中强烈的情感和处理方式的完整程度也从未在前人的作品中出现过。除此之外，他画作中近乎永恒存在的美丽和自然主义也印证了他的成功之处。就像所有伟大的风景画家一样，康斯太勃尔在见到大自然中并未被注意到的景象，而后将他所见之景绘于画布上的过程中，不仅充实且扩大了在他之后的风景画的定义，也丰富和拓展了人们对自然景色的欣赏。在一定程度上，正是因为康斯太勃尔，普通的日常景象——在不断变幻着色彩的天空下的田野、溪流、树木和河岸——不但在画作中，在真实世界里也能为人所欣赏、热爱。

生平简介

1776 年　6 月 11 日出生于萨福克郡的东伯格霍尔特，系戈尔丁·康斯太勃尔和安·华兹的儿子。他在家中排行第四，是六个孩子（三男三女）中的第二个男孩。戈尔丁·康斯太勃尔拥有弗拉富德磨坊和位于戴德姆的一座大型小麦磨坊。

　　　　与东伯格霍尔特的约翰·邓索恩（既是水管工、玻璃工人又是业余画家）的友谊，培养了康斯太勃尔对绘画的热爱。

1796 年　结识约翰·托马斯·史密斯，后者"如画"般描绘农舍的雕版画对他早期作品影响颇深。同年，与他最早的赞助人之一乔治·博蒙特爵士相识。

1799 年　2 月，带着约瑟夫·法林顿的介绍信来到伦敦。3 月，作为试读生入读皇家艺术研究院。

1800 年　2 月 19 日，正式注册就读于皇家艺术研究院。

1802 年　5 月 29 日，在写给约翰·邓索恩的信中说道："还是有描绘大自然的风景画的空间的。"他在东伯格霍尔特买下一间画室，并首次在皇家艺术研究院展出作品。

1806 年　秋天，到访湖区。

1810—1816 年　在萨福克郡度过夏天，其间在油画速写方面取得了重大突破。

1811 年　秋天，首次造访索尔兹伯里大教堂。公开表达对玛丽亚·比克内尔的爱，但却遭到了女方外祖父——东伯格霍尔特的教区牧师鲁德博士的反对。后者打破了他想要尽早结婚的幻想。

1815 年　在皇家艺术研究院展出了作品《弗拉富德磨坊附近的造船》。其母安·康斯太勃尔于春天过世。

1816 年　其父于 5 月 14 日去世。在友人约翰·费希尔的见证下，于 10 月 2 日与玛丽亚·比克内尔在圣马丁教堂（St. Martin-in-the-Fields）结成连理。他们在费希尔位于奥斯明顿村（毗邻威茅斯）的郊区牧师住宅里度过了部分的蜜月时光。

1817 年　12 月 4 日，长子约翰·查尔斯出生。

1819 年　《白色的马》于皇家艺术研究院展出。7 月 19 日，女儿玛丽亚·路易莎出生。夏末，他首次短居于汉普斯特德。11 月 1 日，入选皇家艺术研究院候补院士。

1821 年　《干草车》在皇家艺术研究院展出。3 月 29 日，他的第三个孩子查尔斯·戈尔丁出生。他在此年及接下来的一年中在汉普斯特德研习云朵。

1822 年　第四个孩子伊莎贝尔于 8 月 23 日出生。开始居住在夏洛特街 35 号，直到他去世，这里都是他在伦敦市中心的住处。

1824 年　5 月，首次与家人一同前往布莱顿。包含《干草车》在内的几幅作品在巴黎沙龙中展出，他也因此获得了金质奖章。

1825 年　《跳跃的马》于皇家艺术研究院展出。3 月 29 日，他的第五个孩子埃米莉出生。

1826 年　11 月 14 日，第六个孩子阿尔弗雷德·艾布拉姆出生。

1827 年　搬迁至水井路（well walk）。直到他去世前，这里都是他在汉普斯特德的住处。

1828 年	1月21日，第七个孩子莱昂内尔·比克内尔出生。他的夫人玛丽亚在多年病痛的折磨下，于11月23日离世。
1829 年	《哈雷德城堡》在皇家艺术研究院展出。2月10日，被选为皇家艺术研究院院士。同年7月和11月，最后拜访了两次索尔兹伯里。
1830 年	出版了他的《英国自然风景》的前四幅，此为一系列由大卫·卢卡斯根据他的作品所作的美柔汀铜版画。
1832 年	好友会吏长约翰·费希尔于8月25日离世。助手约翰·邓索恩（他年轻时的画友的儿子）亦于同年11月去世。
1833 年	在汉普斯特德做了第一场有关风景画历史的讲座。
1834 年	7月，拜访阿伦德尔。9月，与埃格勒蒙特伯爵在佩特沃斯度过。
1836 年	5月和6月，在皇家艺术研究院做风景画历史相关的讲座。
1837 年	于3月31日与世长辞。

参考文献

文献和资料来源

《约翰·康斯太勃尔书信集》，R. B. 贝克特（R. B. Beckett）编，萨福克郡档案协会（Suffolk Records Society）分为六册于1962—1968年出版。

I *The Family at East Bergholt 1807-1837*, 1962

II *Early Friends and Maria Bicknell (Mrs. Constable)*, 1964

III *The Correspondence with C. R. Leslie*, 1965

IV *Patrons, Dealers and Fellow Artists*, 1966

V *Various Friends, with Charles Boner and the Artist's Children*, 1967

VI *The Fishers*, 1968

在这些书信往来中，与费希尔的那些通信（第六卷）最能体现康斯太勃尔对艺术的态度和看法。

另有两套由萨福克郡档案协会出版的书籍：

John Constable's Discourses, edited by R. B. Beckett, 1970

John Constable: Further Documents and Correspondence, edited by Leslie Parris, Conal Shields and Ian Fleming-Williams, 1975

传记和专著

C. R. Leslie, *Memoirs of the Life of John Constable*, Esq., R. A., 1843

（此为关于康斯太勃尔最早的一本传记，直到今日仍是关于他最好的传记之一。1845年，扩充后的第二版面世，并成为日后再版的基础。最新版本由乔纳森·梅恩（Jonathan Mayne）编辑，费顿出版社出版（1980年）。

C. J. Holmes, *Constable and his influence on Landscape Painting*, 1902

Phoebe Pool, *John Constable*, 1963

Graham Reynolds, *Constable the Natural Painter*, 1965

Basil Taylor, Constable: *Paintings, drawings and watercolours*, (Phaidon), 1973

R. Gadney, *Constable and his World*, 1976

A. Smart and A. Brooks, *Constable and his Country*, 1976

Malcolm Cormack, *Constable*, (Phaidon), 1986

图录

Graham Reynolds, *Victoria and Albert Museum Catalogue of the Constable Collection*, 1960, second edition, 1973

Leslie Parris, Ian Fleming-Williams and Conal Shields, *Constable: Paintings, Watercolours and Drawings*, Exhibition Catalogue, Tate Gallery, 1976.

Granham Reynolds, *The Later Paintings and Drawings of John Constable*, 2 volumes, 1984

Leslie Parris and Ian Fleming-Williams, *Constable*, exhibition catalogue, Tate Gallery, 1991

Graham Reynolds, *The Early Paintings and Drawings of John Constable*, 2 volumes, 1996

插图列表

彩色图版

1. 越过河面所见的温莎城堡
   1802 年 5 月 17 日；铅笔、红粉笔、水彩，
   26cm × 37cm
   维多利亚与艾伯特博物馆，伦敦

2. 树林
   约 1802 年；布面油彩，34cm × 43cm
   维多利亚与艾伯特博物馆，伦敦

3. 戴德姆河谷
   1802 年 9 月；布面油彩，43.5 × 34.5cm
   维多利亚与艾伯特博物馆，伦敦

4. 博罗戴尔的风景
   1806 年 10 月；铅笔和水彩，14cm × 38cm
   维多利亚与艾伯特博物馆，伦敦

5. 马尔文庄园，沃里克郡
   1809 年；布面油彩，51.5cm × 76.5cm
   泰特不列颠美术馆，伦敦

6. 越过斯陶尔河上水闸所见的弗拉富德磨坊
   约 1810—1811 年；布面油彩，25cm × 30cm
   维多利亚与艾伯特博物馆，伦敦

7. 戈尔丁·康斯太勃尔的屋子，东伯格霍尔特
   约 1811 年；木板上铺麻丝板上油彩，
   18cm × 50cm
   维多利亚与艾伯特博物馆，伦敦

8. 弗拉富德水闸附近斯陶尔河上的驳船
   约 1810—1812 年；布面上铺纸上油彩，
   26cm × 31cm
   维多利亚与艾伯特博物馆，伦敦

9. 秋日日落
   约 1812 年；布面上铺纸上油彩，17cm × 34cm
   维多利亚与艾伯特博物馆，伦敦

10. 风景：萨福克郡的耕种场景
    布面油彩，42.5cm × 76cm
    保罗·梅隆藏品，耶鲁大学英国艺术中心，康涅狄格州纽黑文

11. 弗拉富德磨坊附近的造船
    展出于 1815 年；布面油彩，55cm × 61.5cm
    维多利亚与艾伯特博物馆，伦敦

12. 戈尔丁·康斯太勃尔的菜园
    1815 年；布面油彩，33cm × 51cm
    伊普斯威奇区议会博物馆

13. 戈尔丁·康斯太勃尔的花园
    1815 年；布面油彩，33cm × 51cm
    伊普斯威奇区议会博物馆

14. 威利·洛特的农舍
    约 1810—1816 年；纸上油彩，24cm × 18cm
    维多利亚与艾伯特博物馆，伦敦

15. 玛丽亚·比克内尔，约翰·康斯太勃尔夫人
    1816 年；布面油彩，30.5cm × 25cm
    泰特不列颠美术馆，伦敦

16. 弗拉富德磨坊
    1816 年或 1817 年；布面油彩，102cm × 127cm
    泰特不列颠美术馆，伦敦

17. 《弗拉富德磨坊》（彩色图版 16）局部

18. 《弗拉富德磨坊》（彩色图版 16）局部

19. 威茅斯湾
    1816—1817 年（或之后）；布面油彩，
    51cm × 75cm
    英国国家美术馆，伦敦

20. 从白厅楼梯望滑铁卢大桥之揭幕
    约 1819（？）；厚纸板上油彩，29cm × 48cm
    维多利亚与艾伯特博物馆，伦敦

21. 白色的马
    1819 年；布面油彩，131cm × 188cm
    弗里克收藏馆，纽约

22. 汉普斯特德荒野
    1820 年；布面油彩，54cm × 77cm
    菲茨威廉博物馆，剑桥

23. 干草车
    1821 年；布面油彩，130cm × 185.5cm
    英国国家美术馆，伦敦

24. 干草车（彩色图版 23）局部

25. 向西看汉普斯特德荒野习作
    1821 年 7 月 14 日；布面上铺纸上油彩，
    25.5cm × 30cm
    皇家艺术研究院，伦敦

26. 一排树上的云朵习作
    1821 年 9 月 27 日；木板上铺纸上油彩，
    25cm × 29cm
    皇家艺术研究院，伦敦

27. 汉普斯特德附近高地上的房屋
    1821 年 10 月 13 日；纸上油彩，25cm × 30cm
    维多利亚与艾伯特博物馆，伦敦

28. 索尔兹伯里大教堂：紧闭的墙
    1821 年（？），布面油彩，60cm × 51cm
    菲茨威廉博物馆，剑桥

29. 布兰奇丘之池，汉普斯特德
    约 1821—1822 年；布面油彩，24cm × 39cm
    维多利亚与艾伯特博物馆，伦敦

30. 云朵习作
    约 1822 年；布面油彩，48cm × 57cm
    泰特不列颠美术馆，伦敦

31. 树丛中的马匹习作：夜间
    1823 年 10 月 4 日；纸上油彩，25cm × 30.5cm
    维多利亚与艾伯特博物馆，伦敦

32. 拾穗者，布莱顿
    1824 年；布面油彩，16cm × 30cm
    泰特不列颠美术馆，伦敦

33. 汉普斯特德的小树林（海军上将之屋）
    约 1820—1825 年；布面油彩，36cm × 30cm
    泰特不列颠美术馆，伦敦

34. 云雨下的海景习作（布莱顿附近？）
    约 1824—1825 年；布面上铺纸上油彩，
    22cm × 31cm
    皇家艺术研究院，伦敦

35. 河那边的索尔兹伯里大教堂
    1820 年代；布面油彩，53cm × 77cm
    英国国家美术馆，伦敦

36. 为《跳跃的马》所作的等尺幅习作
    1824—1825 年；布面油彩，51cm × 74cm
    维多利亚与艾伯特博物馆，伦敦

37. 跳跃的马
    1825 年；布面油彩，136cm × 180cm
    皇家艺术研究院，伦敦

38. 《跳跃的马》（彩色图版 37）局部

39. 小麦田
    1826 年；布面油彩，143cm × 122cm
    英国国家美术馆，伦敦

40. 《小麦田》（彩色图版 39）局部

41. 海滨长廊和链条码头，布莱顿
    1826—1827 年；布面油彩，127cm × 185cm
    泰特不列颠美术馆，伦敦

42. 汉普斯特德荒野：布兰奇丘之池
    1828 年；布面油彩，60cm × 77cm
    维多利亚与艾伯特博物馆，伦敦

43. 为《哈德雷城堡》所作的等尺幅习作
    布面油彩，123cm × 167cm
    泰特不列颠美术馆，伦敦

44. 从草地看索尔兹伯里大教堂
    1831 年；布面油彩，147cm × 189cm
    私人收藏

45. 汉普斯特德的景色，望向伦敦方向
    1833 年 12 月 7 日；水彩，11cm × 19cm
    维多利亚与艾伯特博物馆，伦敦

46. 河谷农庄
    1835 年；布面油彩，149cm × 126cm
    泰特不列颠美术馆，伦敦

47. 水边的农舍与河流风景
    约 1830—1836 年；布面油彩，25cm × 35cm
    维多利亚与艾伯特博物馆，伦敦

48. 斯陶尔河谷的树丛和一片水域
    1830—1836 年；铅笔及乌贼墨彩染，20cm × 16cm
    维多利亚与艾伯特博物馆，伦敦

文中插图

1. 自画像
   1806 年；铅笔，19cm × 14.5cm
   约翰·康斯太勃尔遗产执行人

2. 斯特拉特福磨坊
   展出于 1820 年；布面油彩，127cm × 183cm
   私人收藏

3. 斯陶尔河上的水闸
   1827 年；铅笔，22.5cm × 33.3cm
   维多利亚与艾伯特博物馆，伦敦

4. 驶过水闸的船只
   1829 年；布面油彩，101.5cm × 127cm
   皇家艺术研究院，伦敦

5. 汉普斯特德荒野
   约 1820 年；布面油彩，38.5cm × 67cm
   泰特不列颠美术馆，伦敦

6. 布莱特威尔教堂和村庄，近伍德布里奇，萨福克郡
   1815 年；板上油彩，15cm × 23cm
   威廉·德拉蒙德修道院花园画廊，伦敦

7. 磨坊的溪流
   约 1813—1814 年；木板油彩，20.5cm × 28.5cm
   泰特不列颠美术馆，伦敦

8. 树桩的习作
   约 1821 年；纸上油彩，25cm × 29cm
   维多利亚与艾伯特博物馆，伦敦

9. 从主教的庭园看索尔兹伯里大教堂
   展出于 1823 年；布面油彩，87.5cm × 112cm
   维多利亚与艾伯特博物馆，伦敦

10. 阿伦德尔磨坊和城堡
    展出于 1837 年；布面油彩，72.5cm × 100.5cm
    艾德华·德拉蒙德·利贝的捐赠，托莱多艺术博物馆，托莱多，俄亥俄州

11. 戴德姆附近的斯陶尔河上风景
    展出于 1822 年；布面油彩，129.5cm × 188cm
    亨利·E.汉庭顿图书馆和美术馆，圣玛利诺，加利福尼亚州

12. 巨石阵
    展出于 1836 年；水彩，38.5cm × 59cm
    维多利亚与艾伯特博物馆，伦敦

13. 丹尼尔·麦克利斯（1806—1870 年），皇家艺术研究院院士：康斯太勃尔的晚年
    1831 年；铅笔，15 cm × 11.5 cm
    英国国家肖像馆，伦敦

对比插图

14. 卡佩尔的村舍，萨福克郡
    作于 1796 年；蘸水笔和墨水
    维多利亚与艾伯特博物馆，伦敦

15. 托马斯·庚斯博罗（1727—1788 年）：戴德姆的风景
    1750 年；布面油彩
    泰特不列颠美术馆，伦敦

16. 戴德姆河谷
    展出于 1828 年；布面油彩
    苏格兰国家美术馆，爱丁堡

17. 博罗戴尔的风景
    1806 年；铅笔和水彩
    维多利亚与艾伯特博物馆，伦敦

18. 恩格尔菲尔德庄园
    展出于 1833 年；布面油彩
    贝尼昂信托基金会

19. 水闸那边的弗拉富德磨坊
    可能展出于 1812 年；布面油彩
    现藏地未知

20. 戈尔丁·康斯太勃尔的屋子的两处景象
    1814 年；纸上铅笔
    维多利亚与艾伯特博物馆，伦敦

21. 兰厄姆那边的戴德姆
    题有"1812 年 7 月 13 日"；布面油彩
    阿什莫林博物馆，牛津

22. 大卫·卢卡斯（1802—1881 年）：夏日土地
    出版于 1831 年；雕版画

23. 风景：萨福克郡的耕种场景
    展出于 1814 年；布面油彩
    私人收藏

24. 斯陶尔河上风景 ——可能是弗拉富德的水闸
    1814 年的速写本，第 63 页；铅笔
    维多利亚与艾伯特博物馆，伦敦

25. 威文霍公园，埃塞克斯
    1816 年；布面油彩
    美国国家美术馆怀德纳藏品，华盛顿哥伦比亚特区

26. 磨坊的溪流
    约 1814 年；布面油彩
    伊普斯威奇区议会美术馆

27. 康斯太勃尔夫人及两个孩子
    板上油彩
    J.H. 康斯太勃尔遗产执行人

28. 弗拉富德磨坊
    1813 年的速写本，第 10 页；纸上铅笔
    维多利亚与艾伯特博物馆，伦敦

29.《弗拉富德磨坊》的 X 光细节图

30. 奥斯明顿村的海滨，威茅斯附近
    1816 年之后；布面油彩
    卢浮宫，巴黎

31. 白厅的楼梯，1817 年 6 月 18 日，滑铁卢大桥之揭幕
    1832 年；布面油彩
    私人收藏

32.《从草地看索尔兹伯里大教堂》（彩色图版 44）局部

33.《汉普斯特德荒野》（彩色图 42）局部

34.《白色的马》（彩色图版 21）局部

35. 汉普斯特德的天空和树习作
    1821 年；纸上油彩
    维多利亚与艾伯特博物馆，伦敦

36. 汉普斯特德的天空、树和红屋习作
    1821 年；纸上油彩
    维多利亚与艾伯特博物馆，伦敦

37. 下池塘，汉普斯特德
    1823 年；铅笔和水彩
    大英博物馆，伦敦

38. 河那边的索尔兹伯里大教堂
    1823 年；纸上铅笔
    维多利亚与艾伯特博物馆，伦敦

39. 布兰奇丘之池
    1819 年；布面油彩
    维多利亚与艾伯特博物馆，伦敦

40. 哈里奇港的灯塔
    展出于 1820 年（？）；布面油彩
    泰特不列颠美术馆，伦敦

41. 汉普斯特德的树
    1821 年（？）；布面油彩
    维多利亚与艾伯特博物馆，伦敦

42.《布莱顿的海岸，雷雨交加的夜晚》局部
    题字"布莱顿，周日夜晚，1828 年 7 月 20 日"
    布面油彩
    保罗·梅隆藏品，耶鲁大学英国艺术中心，康涅狄格州纽黑文

43. 汉普斯特德的小树林
    1821—1822 年；布面上铺纸上油彩
    维多利亚与艾伯特博物馆，伦敦

44. 布莱顿附近的海
    1826 年；纸上油彩
    泰特不列颠美术馆，伦敦

45. 吉灵厄姆的磨坊，多塞特郡
    展出于 1827 年；布面油彩
    维多利亚与艾伯特博物馆，伦敦

46. 为《跳跃的马》而作的素描
    1824—1825 年；粉笔和墨水淡染
    大英博物馆，伦敦

47. 戴德姆河谷：早晨
    1811 年；布面油彩
    私人收藏

48. 哈德雷城堡：泰晤士河河口 ——早晨，在暴风雨夜后
    展出于 1829 年；布面油彩
    保罗·梅隆藏品，
    耶鲁大学英国艺术中心，康涅狄格州纽黑文

49. 伦敦上方的双彩虹
    1831 年；水彩，擦拭技巧
    大英博物馆，伦敦

50. 一棵树的素描
    约 1835 年；铅笔和水彩
    维多利亚与艾伯特博物馆，伦敦

51. 东伯格霍尔特的村舍
    1835—1837 年；布面油彩（？）
    利弗夫人美术馆，日光村港口

52. 生长于山谷中的树
    题字"菲特沃斯村，1835 年 7 月 16 日"
    铅笔
    维多利亚与艾伯特博物馆，伦敦

彩色图版

1 越过河面所见的温莎城堡
Windsor Castle from the River

1802年5月17日；铅笔、红粉笔、水彩，26cm × 37cm；维多利亚与艾伯特博物馆，伦敦

图14
卡佩尔的村舍，萨福克郡

1796年
蘸水笔和墨水
维多利亚与艾伯特博物馆，伦敦

　　康斯太勃尔借住在法政牧师费希尔（后来成为索尔兹伯里的主教）家时创作了这幅水彩画。位于马洛（Marlow）的军事学院曾希望聘请康斯太勃尔为绘画教师，但他本人婉拒了这个机会，个中原因在他写给约翰·邓索恩的信中可见一二："这将会击碎所有我对我所热爱着的艺术的完美期待。"这幅素描简洁的绘画语言与吉尔丁或塞缪尔·斯科特的作画风格相似。在其早年，康斯太勃尔在探寻他的个人风格的道路上经历过几个阶段。他在1796年为 J. T. 史密斯速写农舍时所运用的"如画"的蘸水笔和水墨技巧便是创作于最早的阶段。在创作这幅温莎城堡速写时，康斯太勃尔在技巧方面已然得心应手，不过从原创性角度来说并无多大突破。

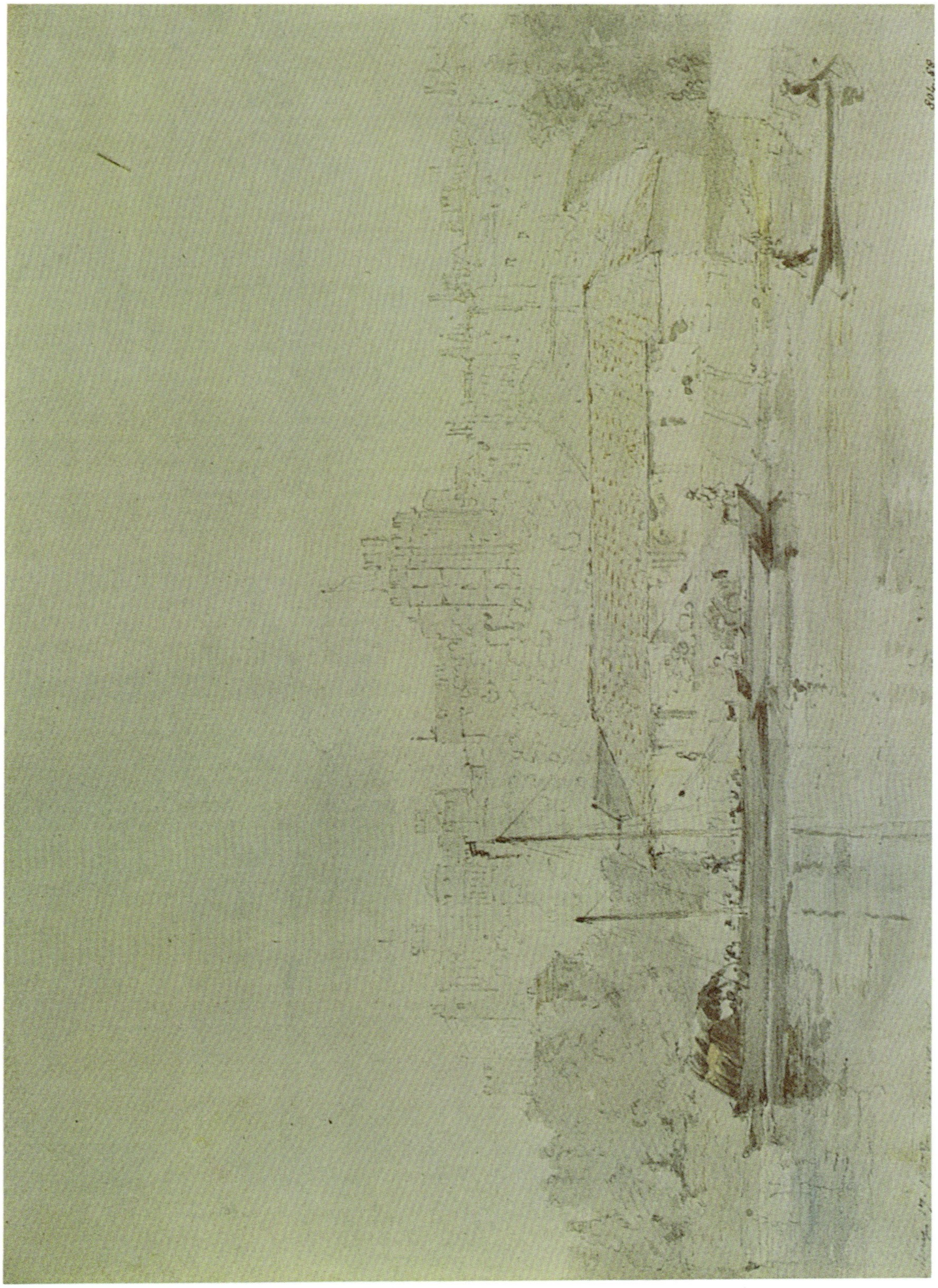

2　树林
A Wood

约1802年；布面油彩，34cm × 43cm；维多利亚与艾伯特博物馆，伦敦

图15
**托马斯·庚斯博罗（1727—1788年）：
戴德姆的风景**

1750年
布面油彩
泰特不列颠美术馆，伦敦

　　这很可能是康斯太勃尔于1802年的夏天在户外完成的油彩速写之一。在技法处理方面，它与《戴德姆河谷》（彩色图版3）中从前景中透出薄薄棕色底色的方式接近，展现了康斯太勃尔早期为解决直接面对大自然作画时所遇困难而做出的努力。这幅画很有可能是康斯太勃尔在1803年3月23日给约瑟夫·法林顿看的草稿之一："康斯太勃尔到访，并拿来几幅他在戴德姆附近的户外所作的小习作。"

　　前景中的薄颜料涂层，对树叶和云朵的处理方式都令人想起庚斯博罗，例如庚斯博罗早期创作的《戴德姆的风景》（*View of Dedham*，图15）。

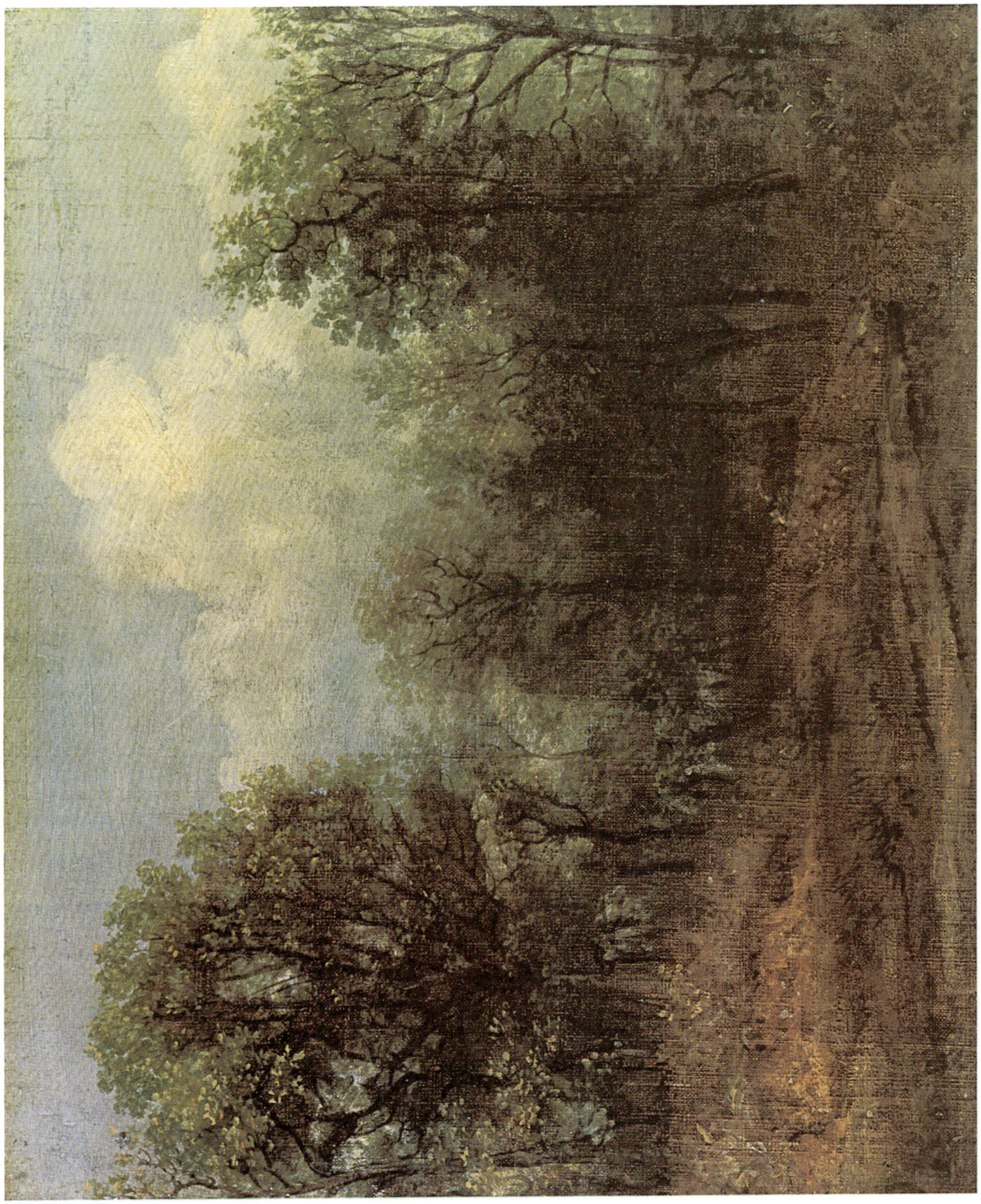

3 戴德姆河谷
Dedham Vale

1802年9月;布面油彩,43.5cm × 34.5cm;维多利亚与艾伯特博物馆,伦敦

    一直以来,这幅画都被认为是康斯太勃尔在1802年的夏天——这段时间对他职业生涯意义重大——所创作的油彩速写之一。他于5月29日写给约翰·邓索恩的信中体现出他坚定了忠诚描绘大自然的决心,并以此为他一生中高于一切的核心艺术目标。与此同时,这幅画作的构图参考了克劳德的《夏甲与天使》——这幅画后来由乔治·博蒙特爵士收藏,也正因此才会为康斯太勃尔所知。这反映了康斯太勃尔从以前的画作和大自然中寻找灵感的创作方式。为了使处理过的画布的棕色底色显露出来,康斯太勃尔在处理前景时运用了薄涂的笔触和少量颜料(这让人联想到庚斯博罗的做法),在描绘背景和云彩时,他则选择使用既长又宽的笔触,几乎将整个画面都铺满了。虽然康斯太勃尔在运用这种技法时还略显生硬,但他已经开始发展出一套属于他的独特笔法。他在多年以后(1828年)创作的大尺幅作品《戴德姆河谷》中用了相同的构图。

图16
戴德姆河谷

展出于1828年
布面油彩
苏格兰国家美术馆,爱丁堡

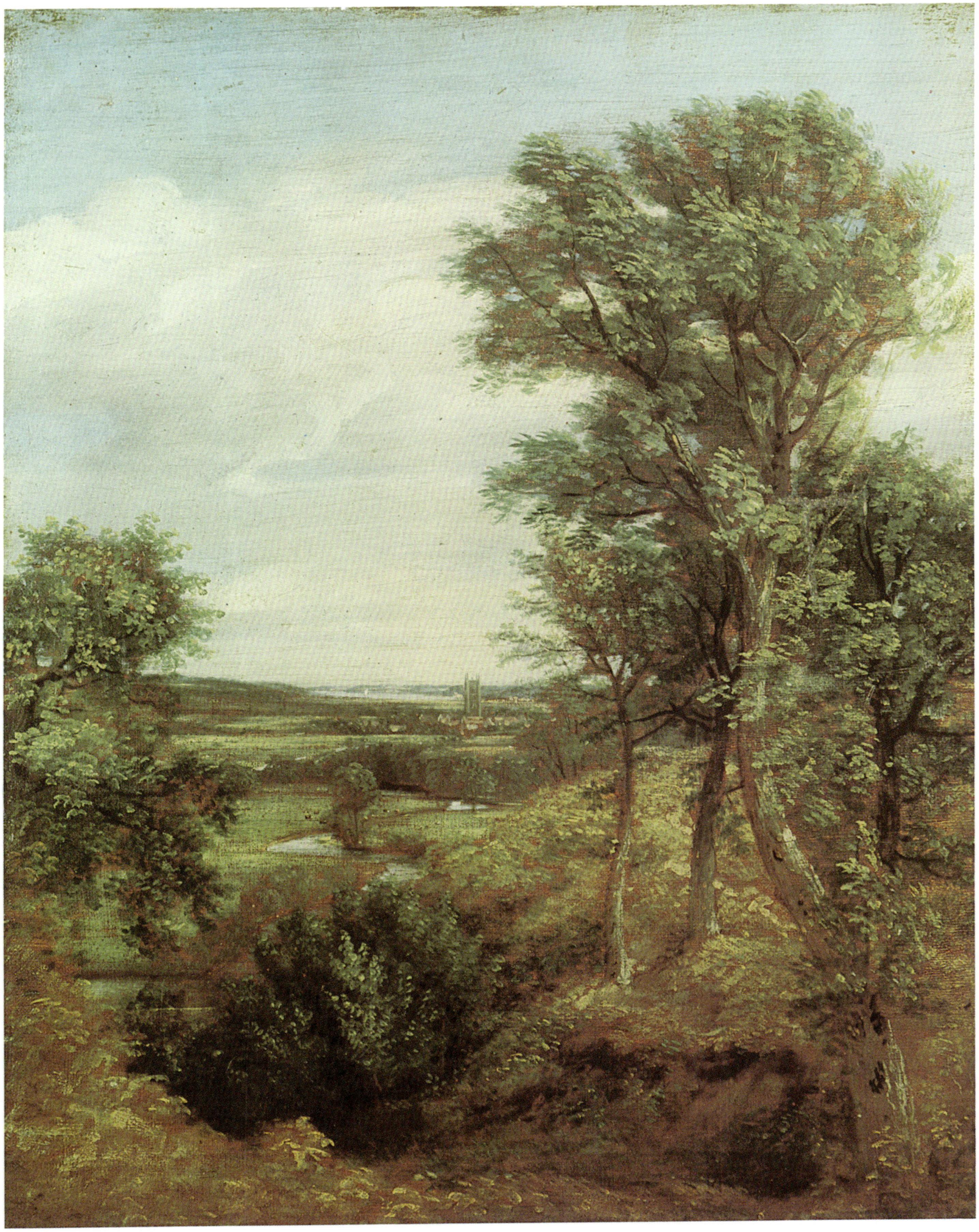

4 博罗戴尔的风景
View in Borrowdale

1806年10月；铅笔和水彩，14cm×38cm；维多利亚与艾伯特博物馆，伦敦

在"如画"之旅流行之际，康斯太勃尔于1806年的9月和10月所做的湖区旅行可谓是当时的风景画家们都会选择的一段旅程，但这也是他最后一次主动而明确地找寻描绘之景。在这之后，他就在他所居住，或是在拜访亲友时所到之处及附近寻觅他的绘画主题。这段旅程可能是由他的舅舅大卫·派克·沃茨（David Pike Watts）出资赞助才得以成行。在这幅水彩画的背面用铅笔写着："博罗戴尔，1806年10月4日，正午，雨后云散。"

康斯太勃尔在那时已经对天气的瞬息万变很感兴趣，并试着捕捉这样的效果。这种相对于坚硬山川的光和色彩的流动性，启发了康斯太勃尔那独创而富有戏剧性的作画方式——他主要是运用水彩画来描绘他看见的景色，这或许也使得他从一直被教导的传统风格中解脱出来，变得更加自由。不过，他对古典大师和连接自然与艺术还是很上心的。他在《博罗戴尔的风景》（图17）的背面写着："1806年10月4日——密云笼罩的秋日正午——真实景象比画中更为明亮……效果是极好的——很像我在玛格丽特街上看到的那幅美丽的加斯帕尔［·普桑］。"

图17
博罗戴尔的风景

1806年
铅笔和水彩
维多利亚与艾伯特博物馆，伦敦

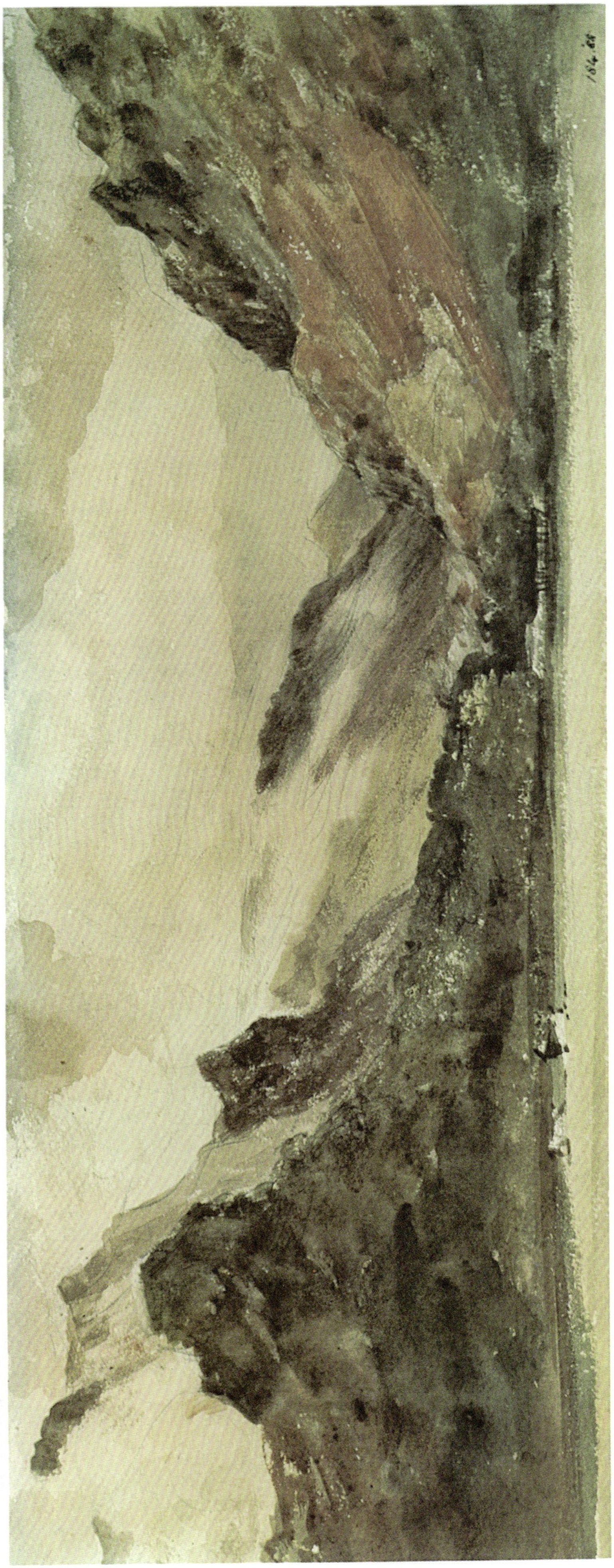

5 马尔文庄园,沃里克郡
Malvern Hall, Warwickshire

1809年;布面油彩,51.5cm × 76.5cm;泰特不列颠美术馆,伦敦

    康斯太勃尔在1809年和1820年分别拜访了亨利·格雷斯沃·刘易斯的家——马尔文庄园。虽然人们对这幅画的作画日期存在争议,但从风格和对现实的记录方面来看,它是康斯太勃尔早期阶段的创作。康斯太勃尔通过刘易斯的姐姐——戴萨特伯爵遗孀——认识了刘易斯。就在此前,他受任于戴萨特伯爵六世,临摹乔舒亚·雷诺兹为这个家庭所作的肖像画,并画些新的肖像。康斯太勃尔被委托创作一幅刘易斯的年轻的受监护人玛丽·弗里尔(Mary Freer)的画像,这也许正是他拜访马尔文庄园的目的。因此,康斯太勃尔在这一时期受到了对他来说像是苦活般的画肖像的牵绊。这幅画作也许并不是一幅受委托而作的作品,这可能会让人觉得匪夷所思,因为康斯太勃尔对乡村住宅类的主题之厌恶众所周知,但是在这幅画中风景主导着整个画面,庄园反而只是背景的一部分。

    很久以后,康斯太勃尔受理查德·贝尼昂·德·波伏娃的委托创作了伯克郡的恩格尔菲尔德庄园(Englefield House;图18)。这幅画曾于1833年在皇家艺术研究院展出,而他与赞助人之间的纠结,以及他因为画庄园与自己的艺术理念背道而驰而遇到的困难可参照本书的第21—22页。

图18
恩格尔菲尔德庄园

展出于1833年
布面油彩
贝尼昂信托基金会

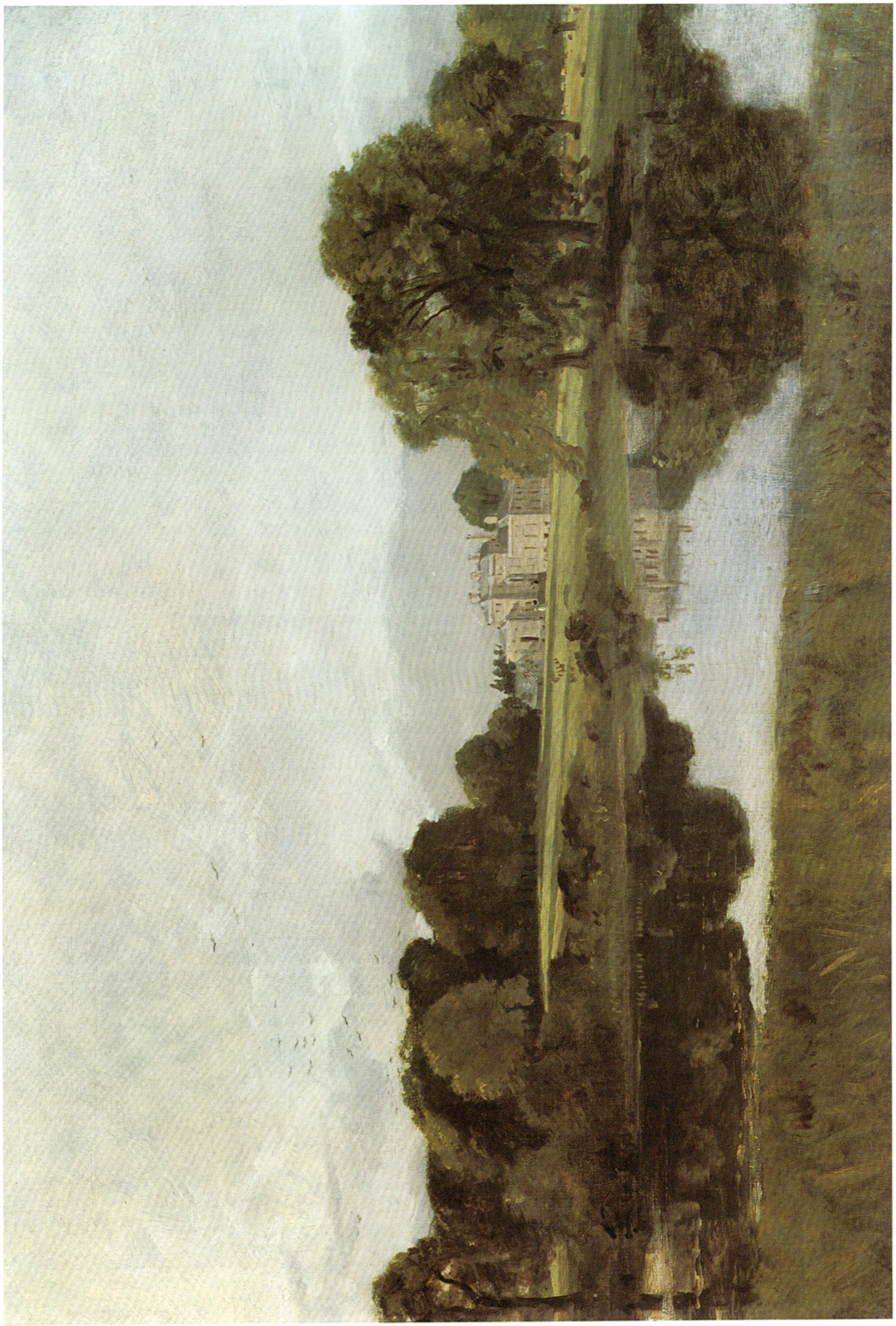

6 越过斯陶尔河上水闸所见的弗拉富德磨坊
Flatford Mill from a Lock on the Stour

约1810—1811年；布面油彩，25cm × 30cm；维多利亚与艾伯特博物馆，伦敦

康斯太勃尔为这片风景创作了一些只存在少量变动的油彩速写，它们都是在 1810 年（也可能是 1811 年）的夏天完成的。它们与一幅成稿有着相同的构图，可能是曾于 1812 年在皇家艺术学院展出的那幅（图 19）。我们通过一封康斯太勃尔的母亲于 1811 年 10 月 26 日写给他的信中得知，他当时正在创作一幅此类主题的作品。像往常一样，她一如其他为康斯太勃尔提供建议的人，热心地强调细节完成度的重要性。"你那美丽的景色……如此靠近，以至于你可以坐在炉边来完成它，刻画得再怎么仔细都可以。"在这里，一幅，或者说所有的油彩习作都被用作成稿的基本结构指南，但这并不适用于所有情况：成稿和油彩习作之间的关系用纯功能性的术语是很难解释的。不过显而易见的是，直接创作这些习作的行为对康斯太勃尔来说有着极重要的意义，它们帮助他在成稿中保持那种对大自然的即时观察和感受。

图 19
水闸那边的弗拉富德磨坊

展出于 1812 年
布面油彩
大卫·汤姆森夫妇藏品

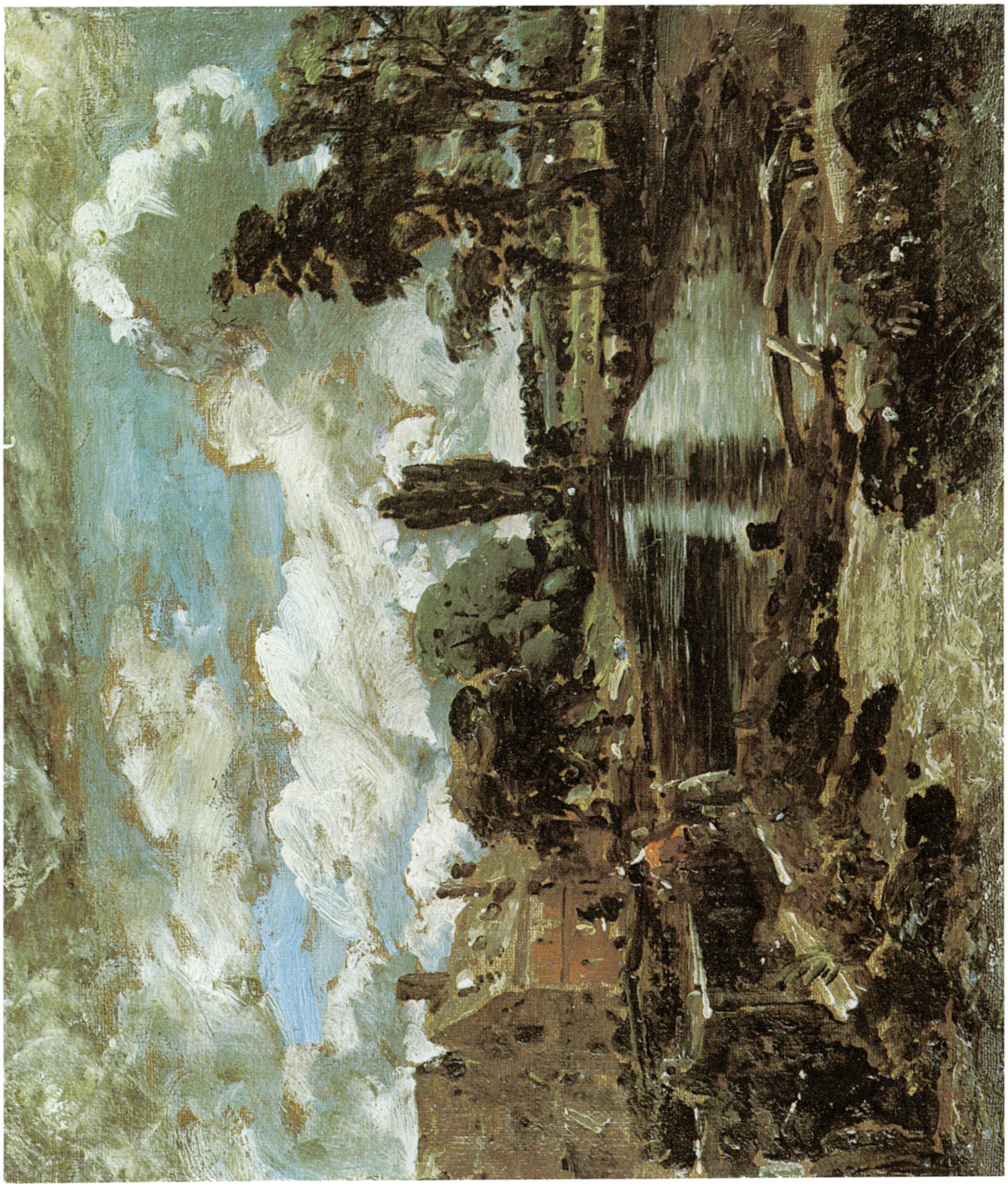

7 戈尔丁·康斯太勃尔的屋子，东伯格霍尔特
Golding Constable's House, East Bergholt

约1811年；木板上铺厚纸板油彩，18cm × 50cm；维多利亚与艾伯特博物馆，伦敦

    这幅宽视角画作描绘的是戈尔丁·康斯太勃尔宅子里的花园。这个花园于1774年建成，画家本人则于1776年在此出生。康斯太勃尔后来又在另两幅作品中描绘了从楼上的房间望向花园和周边田野的景象（彩色图版12、彩色图版13）。这是他度过童年和少年时光的房屋。画作曾被折叠，也有可能曾被从中间切成两半，左侧比右侧受损更为严重。

    一幅作于1814年10月3日，描绘在月光和日光下的屋子的素描（图20）也许是1814年的速写本中的一部分。但如果是那样，这一页便脱离了原来的速写本。画稿的背面用铅笔写着："约翰·康斯太勃尔出生的屋子。"

图20
戈尔丁·康斯太勃尔的屋子的两处景象

1814年
纸上铅笔
维多利亚与艾伯特博物馆，伦敦

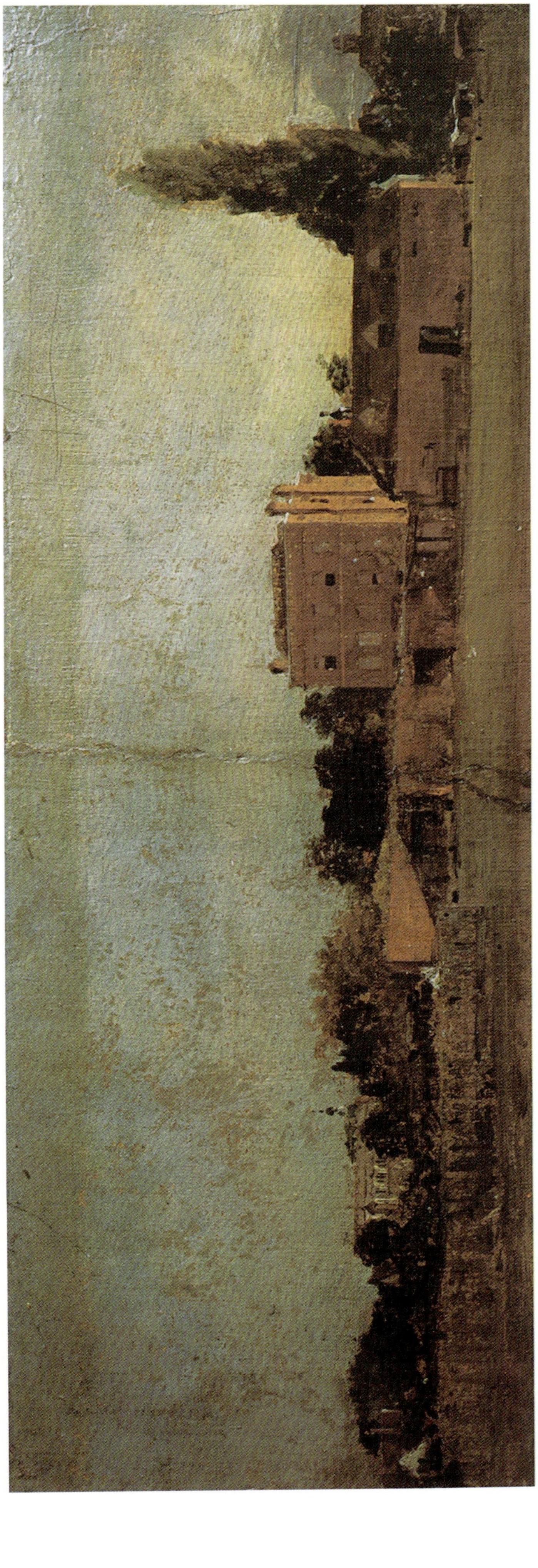

8 弗拉富德水闸附近斯陶尔河上的驳船
Barges on the Stour at Flatford Lock

约1810—1812年；布面上铺纸上油彩，26cm × 31cm；维多利亚与艾伯特博物馆，伦敦

  约在1809年至1816年期间，尤其是1810年到1812年，康斯太勃尔从大自然中取景的油彩速写达到了成熟且充满活力和原创性的境地，这也印证了一种强烈的个人风格的发展。虽然过宽的笔触并不能在严格意义上被称为具有描述性，但它们为自然景物、天气效果给予人的感觉和其他会对观者产生即时作用的环境——就像它们被快速地记录下来一样——提供了视觉上的对应物。他珍视这些习作，"他曾经说……他对告别小麦并无异见，但他可不能与长出小麦的土地说再见"。这幅作品清楚地描绘了出现在弗拉富德磨坊（彩色图版16）背景中的弗拉富德水闸的横梁。

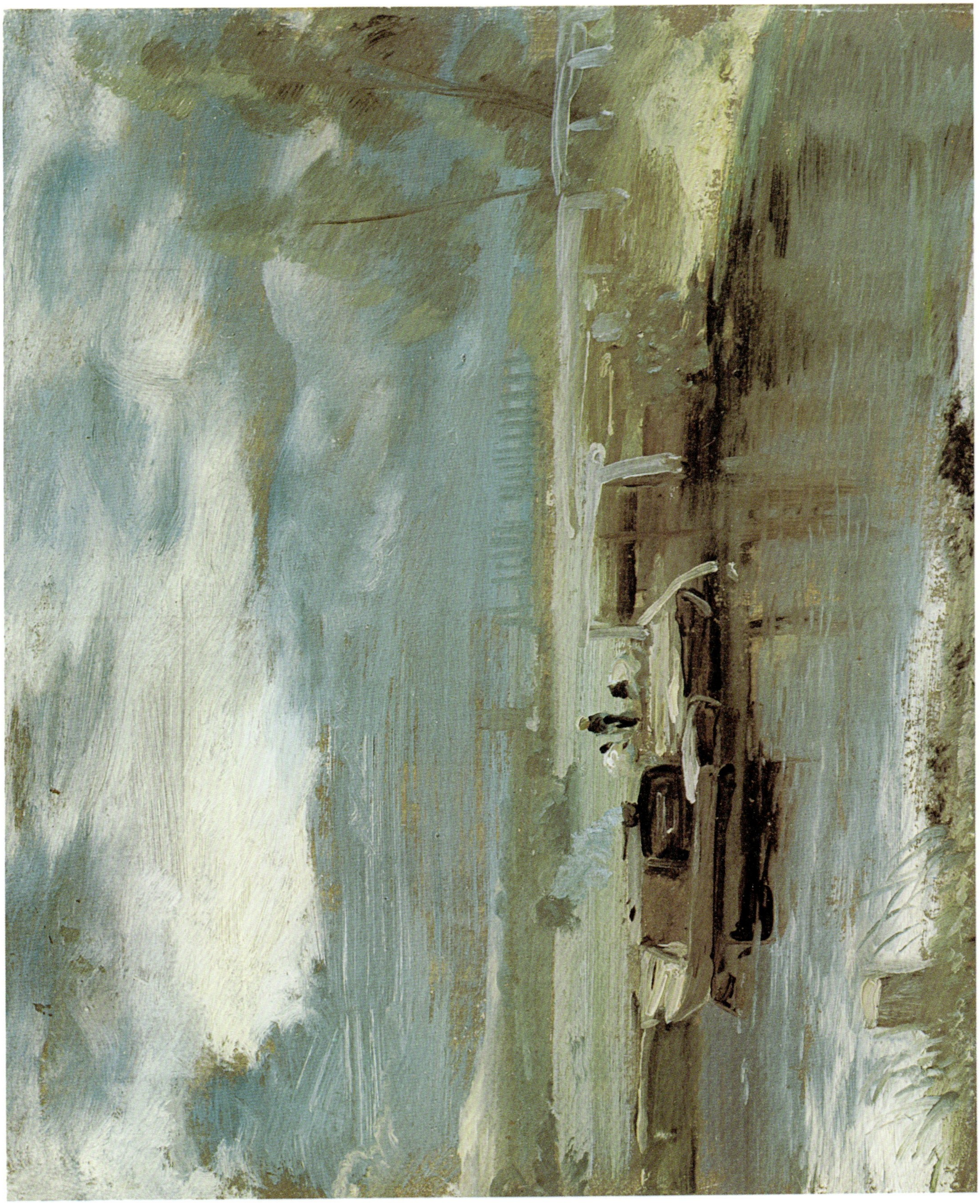

9　秋日日落
Autumnal Sunset

约1812年；布面油彩，17cm × 34cm；维多利亚与艾伯特博物馆，伦敦

图 21
兰厄姆那边的戴德姆

题字"1812年7月13日"
布面油彩
阿什莫林博物馆，牛津

　　康斯太勃尔是在东伯格霍尔特的田野间完成这幅画作的。据说，康斯太勃尔和他的画友邓索恩因为画面左侧那棵处在中景的树的形状而称其为"假发树"。康斯太勃尔显然很喜欢这种开阔的水平结构，因为很久以后，他为大卫·卢卡斯的美柔汀雕版画挑了这幅习作为模版，命名为《秋日日落》。其印刷版本刊登在于1832年6月出版的《英国自然风景》中，这其中包含了一系列他认为对他的风景艺术有启发意义的版画作品。另一幅描绘类似景象的画作——《兰厄姆那边的戴德姆》(*Dedham from Langham*)，作于1812年7月13日——与他后来为《英国自然风景》所创作的、现存于维多利亚与艾伯特博物馆的油彩速写很相似，后者的版画版本为《夏日早晨》(*Summer Morning*)，于1831年的9月刊发。从兰厄姆远眺戴德姆教堂，这是康斯太勃尔的最爱的景色之一。在《夏日早晨》的解说文字中，他写道："在哈里奇海的分支上，曲折的斯陶尔河迷失了自我，戴德姆教堂之塔在这样的环境中更显优雅。"

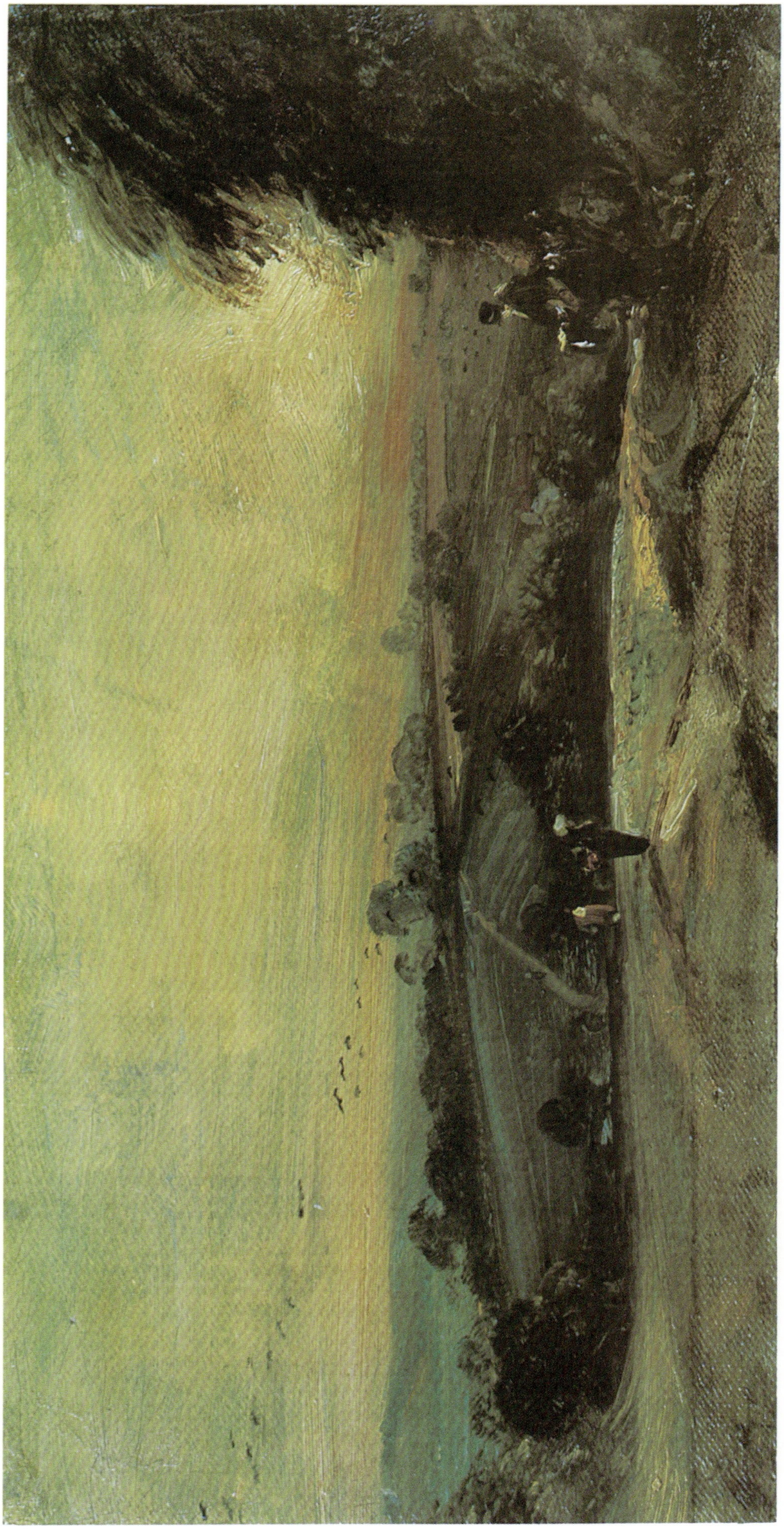

10 **风景：萨福克郡的耕种场景**
Landscape: Ploughing Scene in Suffolk

布面油彩，42.5cm × 76cm；保罗·梅隆藏品，耶鲁大学英国艺术中心，康涅狄格州纽黑文

图 22
大卫·卢卡斯（1802—1881 年）：夏日土地

出版于 1831 年
雕版画

  1814 年，康斯太勃尔在皇家艺术研究院展出了《风景：萨福克郡的耕种场景》（图 23）。这幅画取自从东伯格霍尔特的老庄园外围看向斯陶尔河谷那边的景象。约翰·奥尔纳特（John Allnutt）要不是在展览上当场买下了这幅画，便是在之后的两年内购得。他接下来又让另一位画家约翰·林内尔重画了天空，"因为我并不怎么喜欢原来的效果"。不过，奥尔纳特后来又很是后悔，便与康斯太勃尔取得联系，请他复原天空，再对画作尺寸做些调整，但康斯太勃尔决定另画一个版本，也就是彩色的这幅。对此，康斯太勃尔并没有收取任何费用，这可能会令人觉得奇怪，特别是当我们以为他会对其他艺术家改动了他的作品而感到愤怒的时候。然而，康斯太勃尔反而对奥尔纳特心怀感恩，因为奥尔纳特"买下了康斯太勃尔卖给陌生人的第一幅画，这对画家是极大的鼓舞，让他下定决心往这一职业方向发展，即便他的朋友们都对他是否会成功表示疑虑"。这段说辞来自莱斯利，奥尔纳特曾写信告诉他发生的这些事。

  原画（图 23）通过美柔汀技法雕刻而成的《夏日土地》（*A Summerland*，图 22）作为《英国风景画》收录的系列画之一，发表于 1831 年。

图 23

风景：萨福克郡的耕种场景

展出于 1814 年
布面油彩
大卫·汤姆森夫妇藏品

11 弗拉富德磨坊附近的造船
Boat-Building near Flatford Mill

展出于1815年；布面油彩，51cm × 61.5cm；维多利亚与艾伯特博物馆，伦敦

这幅画描绘的是一艘正在建造中的驳船，它停靠在康斯太勃尔的父亲位于弗拉富德磨坊边上的船坞中。画面左侧可以看到弗拉富德水闸的横梁，河的另一边那成叉状的树则再次出现于他在1817年创作的《弗拉富德磨坊》（彩色图版16及局部图，彩色图版17、彩色图版18）中——但在后者中出现时的情绪是悲伤的。这些作品反映出，康斯太勃尔创作的多幅描绘斯陶尔风景的作品中所描绘场景的地理位置都很接近。《弗拉富德磨坊附近的造船》曾于1815年在皇家艺术研究院展出，它是在1814年的夏末和秋初绘制而成的。一幅探讨构图的铅笔速写（作于1814年9月7日）出现在现藏于维多利亚与艾伯特博物馆的1814年速写本中。同一本速写本中的另一页（图24）上则描绘着弗拉富德水闸和占满船坞的蓄水门。我们知道，约瑟夫·法林顿在同年7月曾建议康斯太勃尔去看看安格斯坦（Angerstein）收藏的克劳德的作品——这些画作后来都成了英国国家美术馆的馆藏——来学习它们的"精饰"（finishing），即仔细完成的细节。然而，尽管前期习作和康斯太勃尔对克劳德的研习使他的作品有了提高，C. R. 莱斯利却说这幅《造船》"是我听到他说他完全在户外完成的画作"。他可能是在下午绘制这幅画，因为卢卡斯曾说，康斯太勃尔告诉过他，"他总是通过远处烟囱中因准备晚饭而升起的炊烟得知是时候停下工作了"。这是康斯太勃尔很少见的一幅就描绘对象完成得很仔细，并最终完成（或者说几乎完成）了的展览作品。它看起来像是康斯太勃尔为结合对真实物体的忠诚描绘和他同代人认为他所欠缺的完成度所做的努力。因此，这幅画标志着他发展中的一个重要阶段，他在寻找一种既可以满足他对自然主义的渴望，又能为展览参观者所接受的再现方式的风格。

图 24
斯陶尔河上风景 —— 可能是弗拉富德的水闸

1814年的速写本，第63页
铅笔
维多利亚与艾伯特博物馆，伦敦

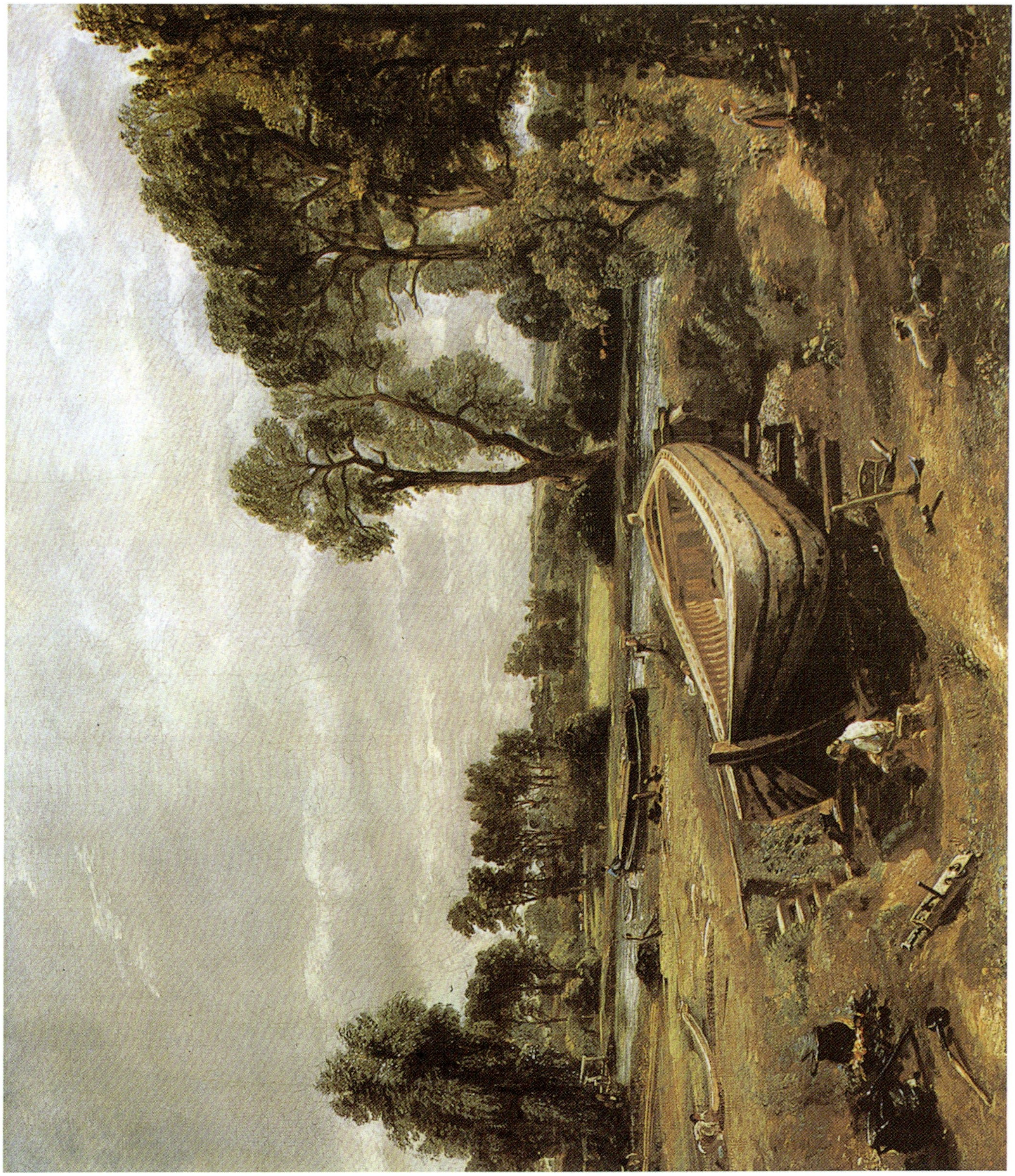

12　戈尔丁·康斯太勃尔的菜园
Golding Constable's Kitchen Garden

1815年；布面油彩，33cm × 51cm；伊普斯威奇区议会博物馆

康斯太勃尔的父亲那位于东伯格霍尔特的房屋后的景色，对画家来说意义重大，且是展示对他来说最为重要的事物的绝好例子——这是一处满是与人类有着亲密关联的景观。正是这种个人情感与景色的结合，康斯太勃尔认为是上帝的创造构成了他艺术的核心，并把地方性和个人性上升到了艺术之普遍性的高度。1814年9月18日，康斯太勃尔在写给玛丽亚·比克内尔的信中说道："……我很难向你描述我边写这封信，边坐在窗前，望着我们时常走过的田野的感受。美丽而沉静的秋日阳光洒在教区花园，在我度过此生最为快乐的一段光阴的田野上方金光闪闪。"

康斯太勃尔年轻时所工作过的皮特农庄附近的风车，和教区长的房屋都出现在了菜园这幅画的背景之中，这些地方都与教区长的外孙女玛丽亚有关。这一当地景象其实满含心酸之情，因为继康斯太勃尔的母亲在1815年离世后，他的父亲也在之后的一年去世。当他临近40岁时，康斯太勃尔少年和早期青年时期稳定的家庭生活开始发生变化。

现在我们一般会认为描绘戈尔丁·康斯太勃尔的菜园和花园的这两幅画均作于1815年的夏天，因为根据诺福克四圃式轮栽制，种于房屋后面的小麦的生长周期为四年，而1811年和1819年因为多种原因和其他证据都可被断定并非是画中小麦的年份。有序的简洁和过度刻画的细节，完美的色调和谨慎的笔触都将此画的创作时间段指向1815年的夏天——这些特点使得此画能与同样还原度极高的《威文霍公园，埃塞克斯》（*Wivenhoe Park, Essex*，图25）相提并论。在这类画作中，康斯太勃尔结合情感和准确性，达到了也许是他对大自然真相最忠实的记录。从此以后，他渐渐强化了将成稿展现给大众的需求及对他所肩负的责任的意识，这其中便包含了风格的发展。

图 25
威文霍公园，埃塞克斯

1816 年
布面油彩
美国国家美术馆怀德纳藏品，
华盛顿哥伦比亚特区

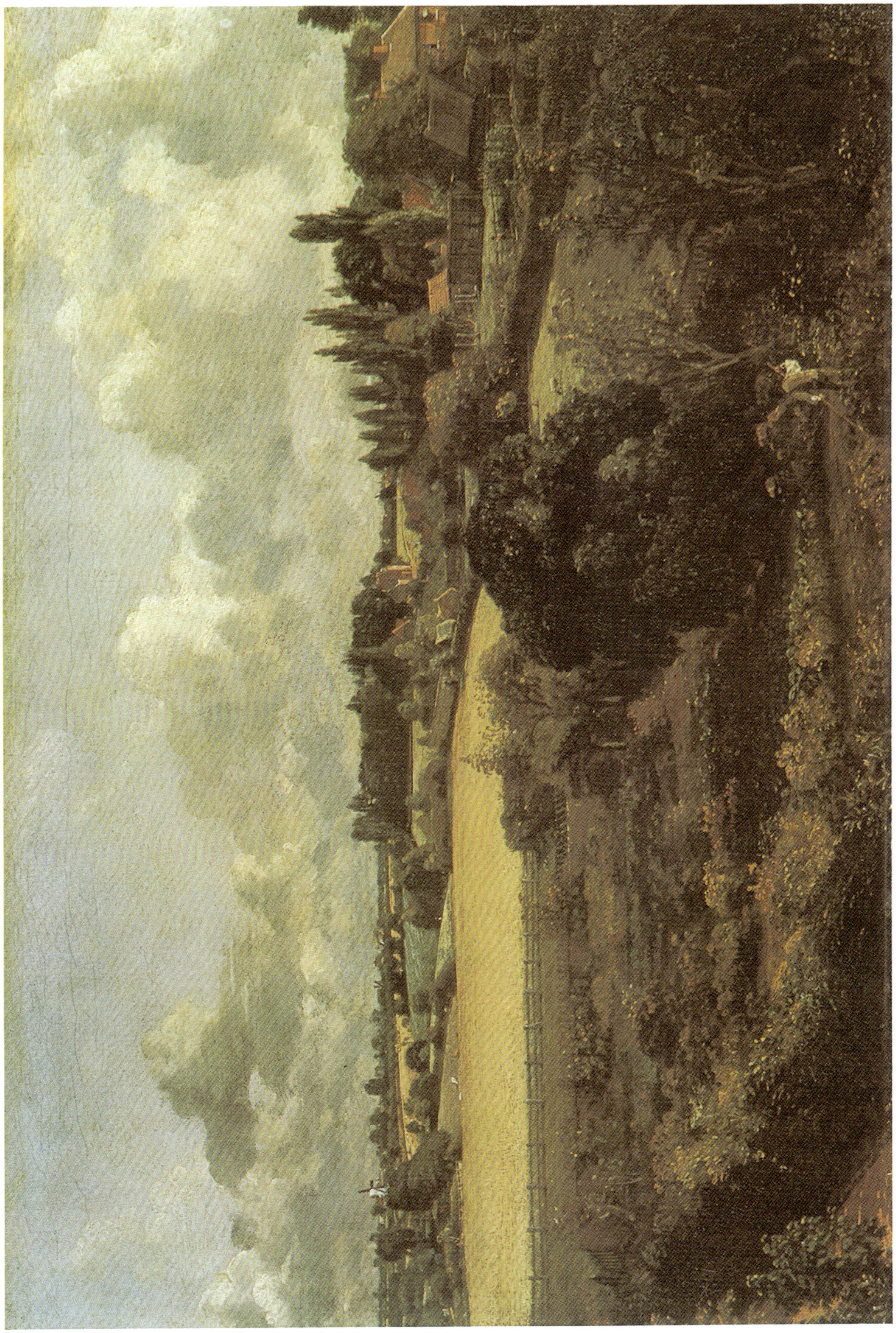

13 戈尔丁·康斯太勃尔的花园
Golding Constable's Flower Garden

1815年；布面油彩，33cm × 51cm；伊普斯威奇区议会博物馆

  这幅画与彩色图版12相对应，它们放在一块儿时所呈现的景象，几乎就是从戈尔丁·康斯太勃尔房子的楼上窗户望下去的连绵之景。虽然康斯太勃尔在后来变得越来越在意他作品中的"作画"过程，创造能够传达大自然特质及他对其感受的画面结构，但在这两幅画中，他是眼前景象的忠实记录者，他将景色的主要部分描摹下来这一点是毋庸置疑的。这时的他已不再需要有意地借助其他艺术家的技巧和画法，已有足够的能力将大自然的真实面貌准确地描绘出来。不过，他对其描绘对象的关注度是如此高度集中，而他的笔触又是如此慎重，以至于此画很难被归类于某种风格或流派。

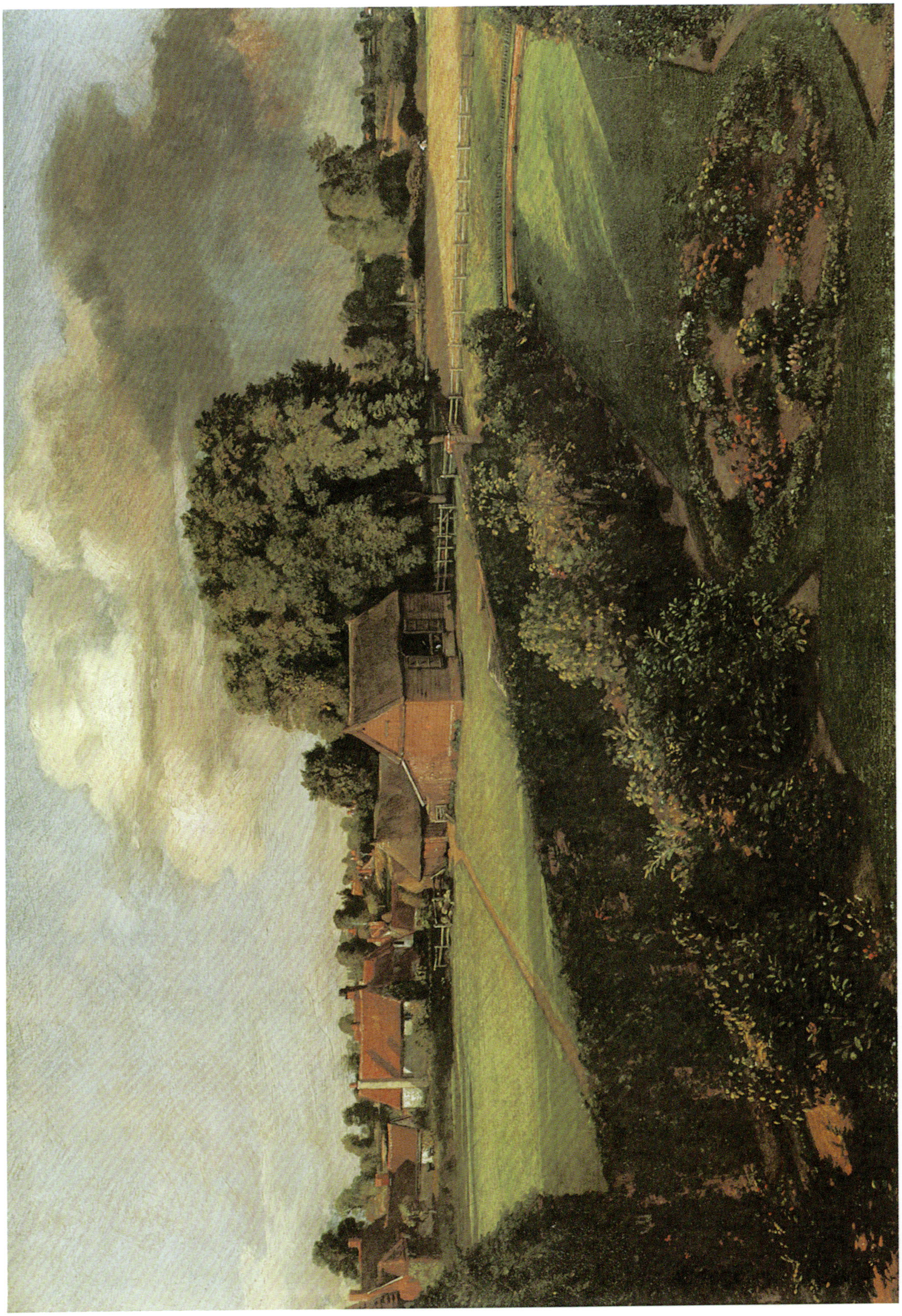

14 威利·洛特的农舍
Willy Lott's House

约1810—1816年；纸上油彩，24cm × 18cm；维多利亚与艾伯特博物馆，伦敦

康斯太勃尔对这座农舍的情感几乎是痴迷的依恋，因为当地的这些风景和物体都让他想起自己的青少年时代。住在这间农舍的是与康斯太勃尔熟识的威利·洛特，这位农民在这里住了一辈子。康斯太勃尔曾多次描绘这座农舍，它在《磨坊的溪流》(*The Mill Stream*，图26)、《河谷农庄》(彩色图版46) 和《干草车》(彩色图版23) 中都有出现。它坐落于康斯太勃尔父亲的弗拉富德磨坊后方的溪流旁。大约是在 1810 年和 1816 年之间，康斯太勃尔创作了一些包含有这座农舍的油彩速写，并在 1814 年完成了《磨坊的溪流》。他在画《干草车》的时候直接在油彩速写上加工。与此速写相比，他将构图往右方延伸开去，并在那里加上了干草车。这幅画作的背面是另一幅对威利·洛特农舍的习作，其中还包含水边的马匹。在现存于维多利亚与艾伯特博物馆的《干草车》的等尺幅速写中，马匹和狗都出现在了画面中，然而，成稿中虽然有类似的狗，却并无马匹（见彩色图版 24，干草车的左侧）。这幅油彩速写中所运用到的技法——强烈的色调对比、有力的笔触和呼之欲出的棕色背景——都是康斯太勃尔在这个时期的作品的典型特征。每一处都像是对所描绘之景的清晰的回应，强调光线、水面和树叶不断变化的特质。

图 26
磨坊的溪流

约 1814 年
布面油彩
伊普斯威奇区议会博物馆

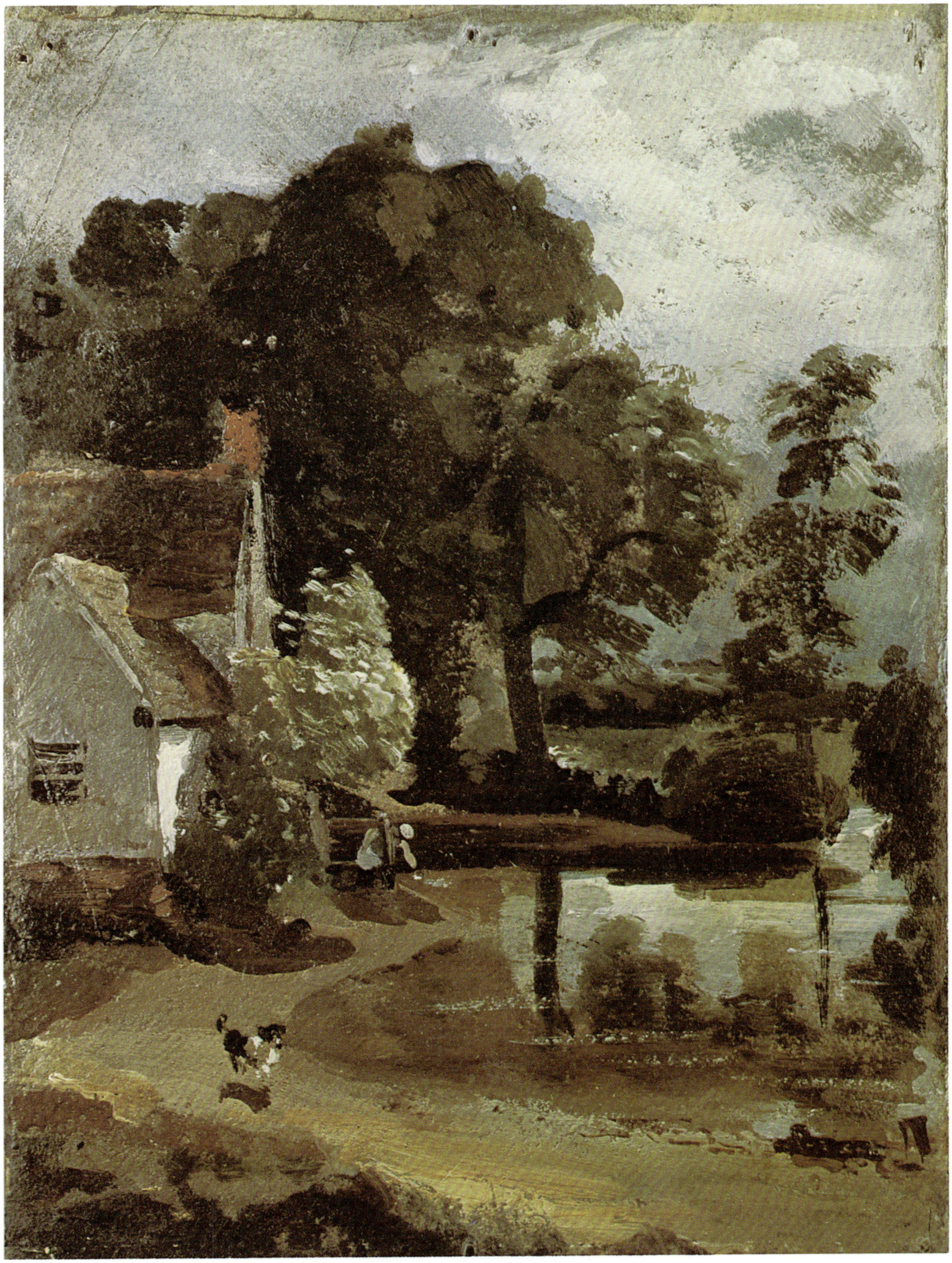

15 玛丽亚·比克内尔，约翰·康斯太勃尔夫人
Maria Bicknell, Mrs John Constable

1816年；布面油彩，30.5cm × 25cm；泰特不列颠美术馆，伦敦

图 27
**康斯太勃尔夫人及
两个孩子**

板上油彩
J. H. 康斯太勃尔遗产执行人

　　康斯太勃尔在1816年7月10日画了这幅肖像画，此时距离他与玛丽亚定于10月2日的婚礼还有几个月。他们的恋情从1809年初现端倪，却因为玛丽亚的外祖父鲁德博士（即东伯格霍尔特的教区长）的反对而一直拖着，直到他们在1816年的夏天决定不顾他的意见而步入婚姻的殿堂。康斯太勃尔在于8月16日写给玛丽亚的信中谈到了这幅作品："我在这世上不能没有你的这幅肖像，它能让我的心在所有苦难面前沉静下来。不论是在新的一天开始时，还是在夜晚入眠之前，我都在凝视此画。"在他职业生涯的早期，虽然这绝非他自己的意愿，但康斯太勃尔在家人和朋友的劝导下——他们意识到相比起风景画，肖像画可以带来收入——还是做了不少在肖像画领域的尝试，不过他并不是位成功的肖像画家。不过，在这幅画里，康斯太勃尔通过温柔而又充满生命力的肖像描绘表达了对玛丽亚的爱慕之情。

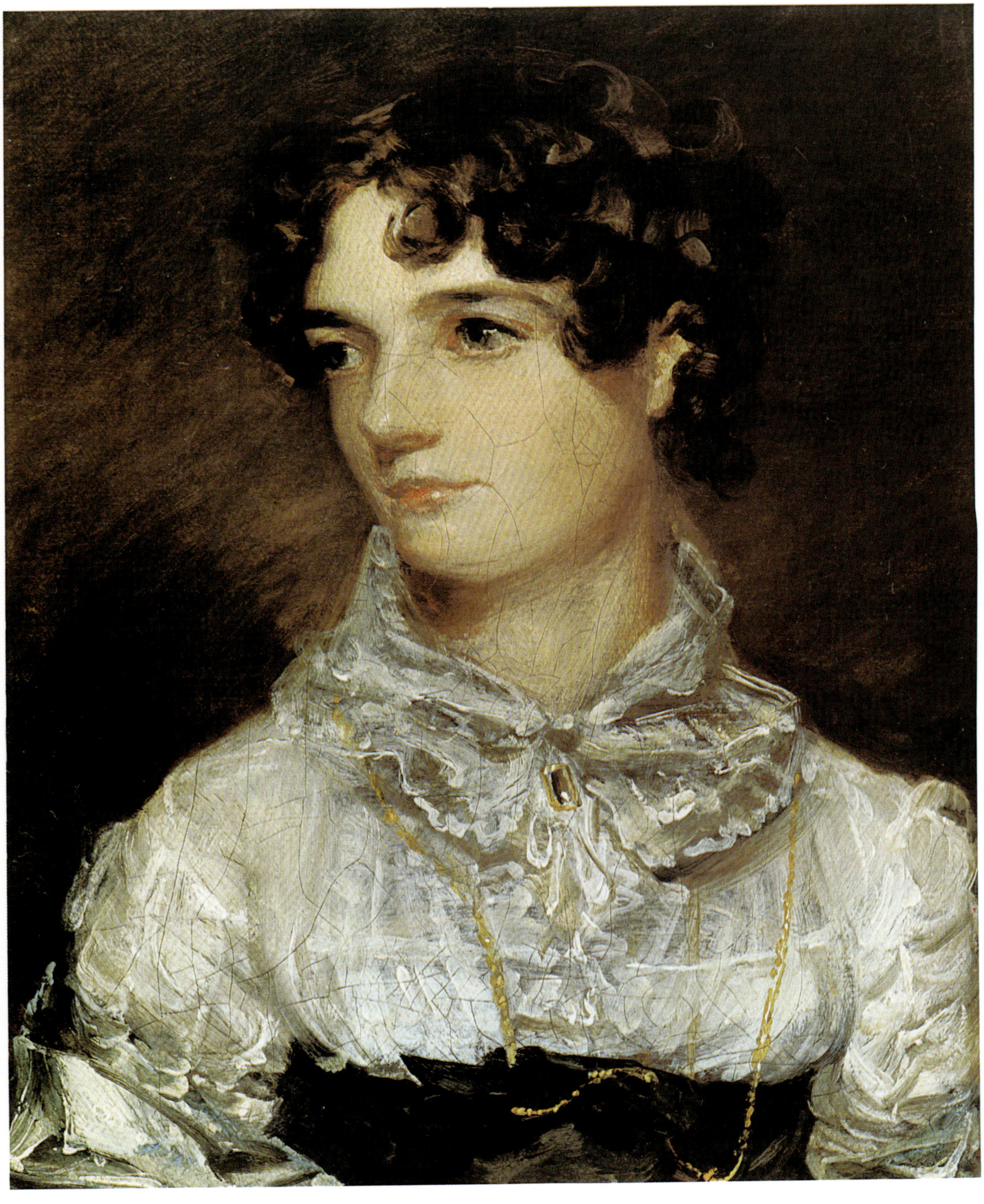

16 弗拉富德磨坊
Flatford Mill

1816年或1817年；布面油彩，102cm × 127cm；泰特不列颠美术馆，伦敦

  这幅画曾于1817年在皇家艺术研究院以"适于航行的河上景色"（Scene on a navigable river）之名展出。它展现了从《弗拉富德磨坊附近的造船》（彩色图版11）到19世纪20年代他从《白色的马》（彩色图版21）开始的六英尺油彩的进一步发展。它是《造船》的两倍大，只能在画室中完成。康斯太勃尔可能在1816年的9月就开始了作画，有几幅油彩速写和1814年速写本中的几页便与之相关，包括第79页（彩色图版24）那幅描绘在弗拉富德水闸前被树分成几部分的河流。它的构图比《造船》更复杂，树中蕴含着更多动感，对天空的表现也更有张力，画面的各个角落都有故事在发生：从前景中被解开驳船上的绳索以让人在人行桥下给它套上挽具的马匹，到出现在左前方的河岸，再到中景右侧手持长柄大镰刀的男人。康斯太勃尔将这些活动都包含在一幅意在展现斯陶尔河谷中的工作场景的画中，一片充满"人类活动"的风景。取景地再一次是弗拉富德，背景中是他已故他父亲的磨坊。康斯太勃尔的难题在于，他需在准确无误而又细致入微地描摹人、树、河和水生植物的同时，试着捕捉夏日光影间的变换——这被他称为大自然的"明暗对比"。在这场展览之后，从修改的痕迹来看，康斯太勃尔似乎是重画了右侧树林的主要部分。展览结束后的1817年10月，康斯太勃尔完成了对这两棵树的细致素描稿，它与此画现在的面貌关系紧密。在康斯太勃尔的作画方式中，修改成稿这一行为并不少见。

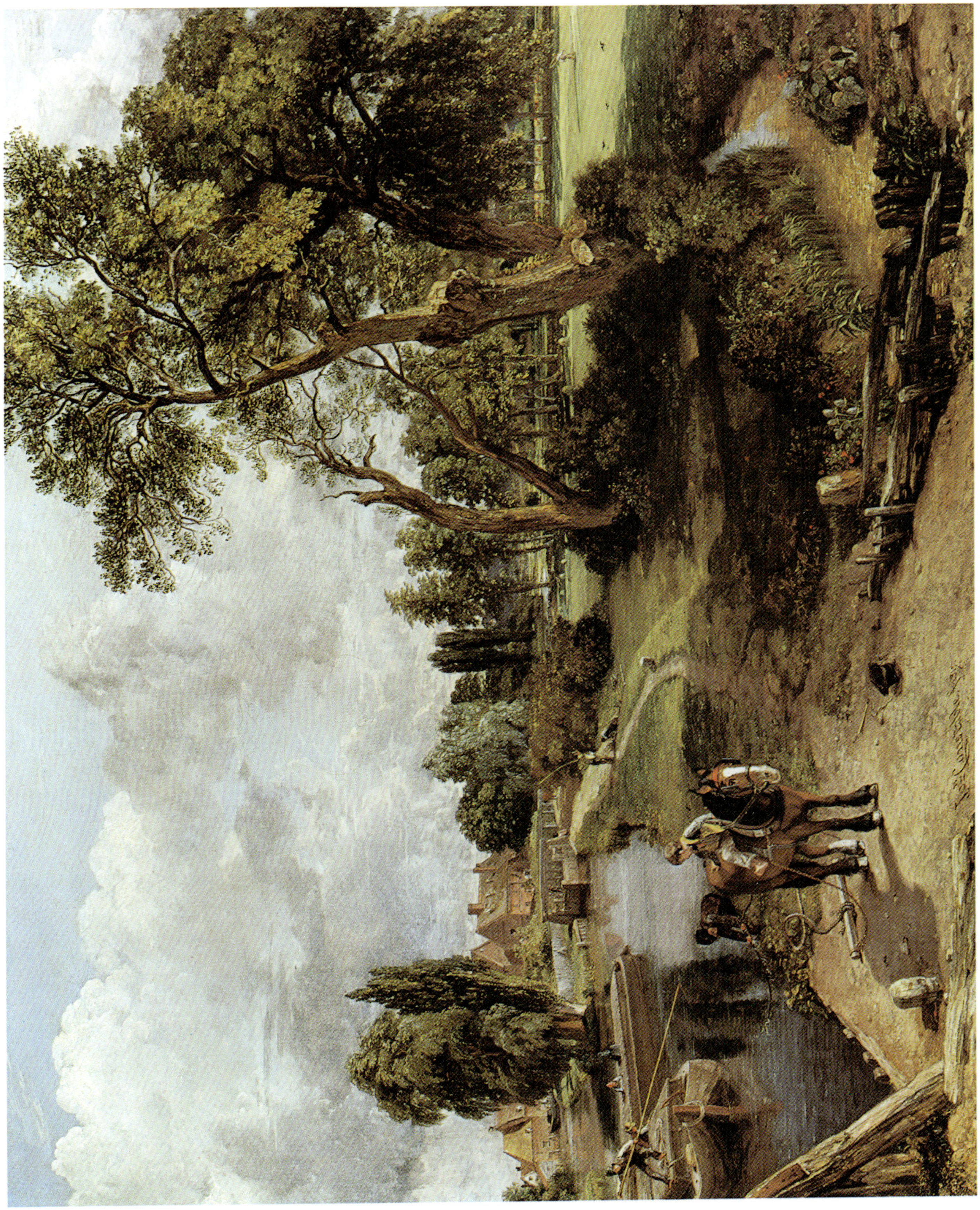

17　《弗拉富德磨坊》（彩色图版16）局部
Detail from 'Flatford Mill' (Plate 16)

　　位于这幅细节图前景中的两棵树也出现在《弗拉富德磨坊附近的造船》（彩色图版11）的右侧背景中。在《造船》完成后的三年里，现实中距我们更远的这棵树似乎失去了大量上端的枝叶——除非是康斯太勃尔出于构图考虑，决定在《造船》中将当时就已掉了许多叶子的树画得欣欣向荣。远处那棵树的线条也出现在了《造船》的左侧背景中。前景中的树则出现在康斯太勃尔于1813年使用的速写本中的一页上（图28）。这幅速写的背景中还包括了桥和弗拉富德磨坊。在1814年的3月康斯太勃尔写给玛丽亚·比克内尔的信中，他谈到了这本速写本："你曾经和我提过日记。去年夏天我的确记了一本，你看到的话也许会觉得有趣——你会发现我是如何利用树、庄稼、蕨类植物和其他景物来让我在悠闲散步的过程中得到消遣的。"

图28
弗拉富德磨坊

1813年的速写本，第10页
纸上铅笔
维多利亚与艾伯特博物馆，伦敦

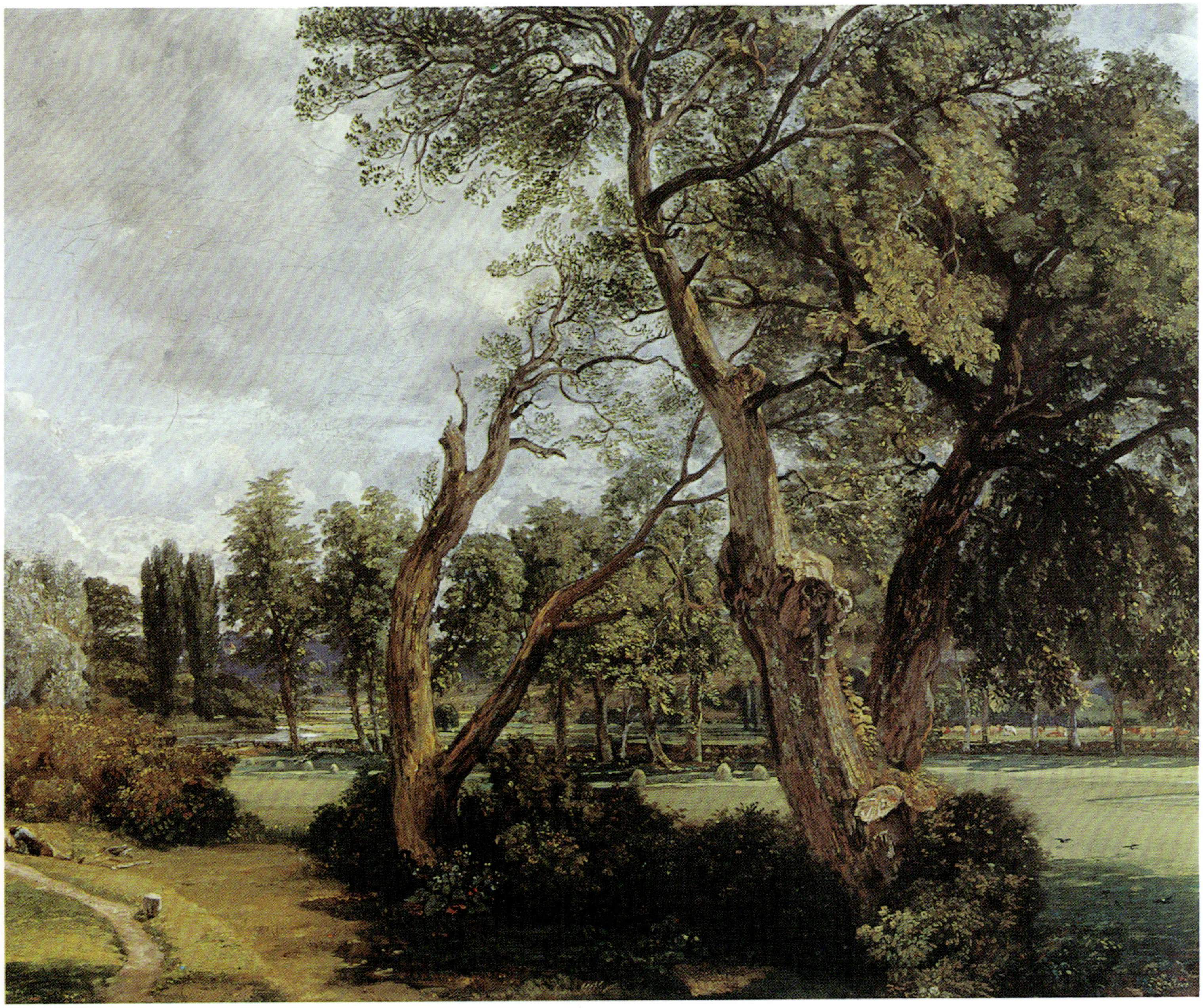

18　**《弗拉富德磨坊》（彩色图版 16）局部**
Detail from 'Flatford Mill' (Plate 16)

康斯太勃尔在中景的纤路上原先画了一匹马，也就是现在那侧卧着的男孩所处的位置。通过 X 光，我们可以看到原画上的这匹马（图29）。虽然康斯太勃尔后来将其覆盖，但裸眼还是能够在成稿中捕捉到马匹的轮廓，挽具也被留在了草坪上。在成稿中，那匹由男孩骑着的马占据了更为中心的位置，并成功地连接了构图的两个部分，为前景提供了一个更令人满意的焦点，同时加深了画面远景中水闸和弗拉富德磨坊的层次感。这一细节还清楚地体现了被分为两部分的河流：左侧是流向弗拉富德磨坊的支流，右侧是流向水闸的主流。

图 29
《弗拉富德磨坊》的
X 光细节图

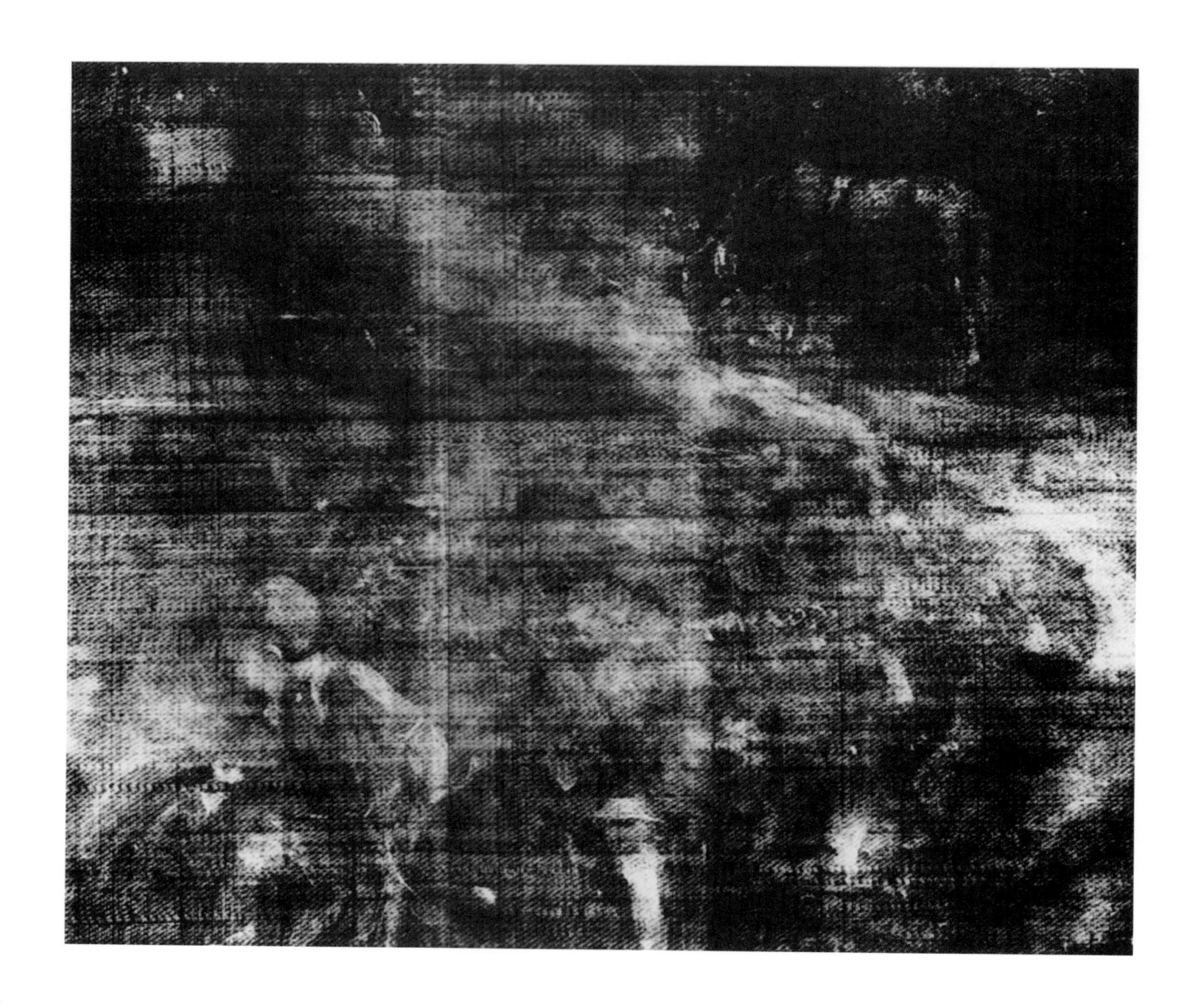

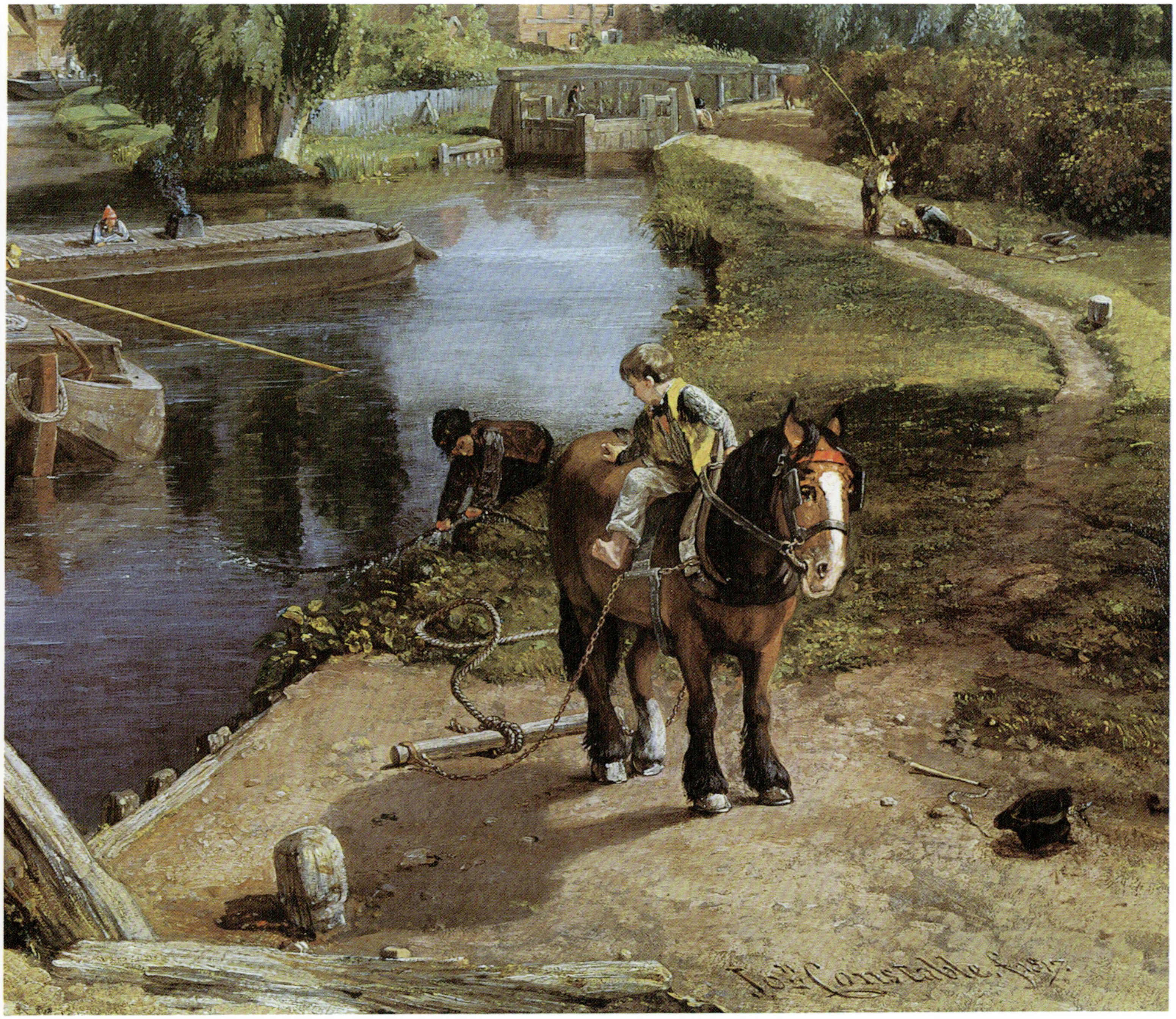
Constable

19 威茅斯湾
Weymouth Bay

1816—1817年（或之后），布面油彩；51cm × 75cm；英国国家美术馆，伦敦

图 30
奥斯明顿村的海滨，威茅斯附近

1816 年之后
布面油彩
卢浮宫，巴黎

　　1816 年 10 月 2 日，康斯太勃尔和玛丽亚·比克内尔完婚，他们与同期新婚的费希尔夫妇在奥斯明顿村一起度过了蜜月的大部分时间。在这里，康斯太勃尔创作了一系列关于多塞特海岸的习作，包括一幅现存于维多利亚与艾伯特博物馆的描绘威茅斯湾景色的厚纸板上油彩。不久之后，康斯太勃尔又创作了两幅有着同样构图、完成度更高的版本，其中一幅现藏于卢浮宫，另一幅即是彩色图版中的这幅。目前，出现在康斯太勃尔的《英国自然风景》中，由卢卡斯雕刻的美柔汀铜版画《威茅斯湾，多塞特郡》，被认为是依照卢浮宫的版本（图 30）而作。英国国家美术馆的这幅画有着掠过海岸、席卷天空的强有力的云层，大片的棕色被用来表现海滩及部分云海。

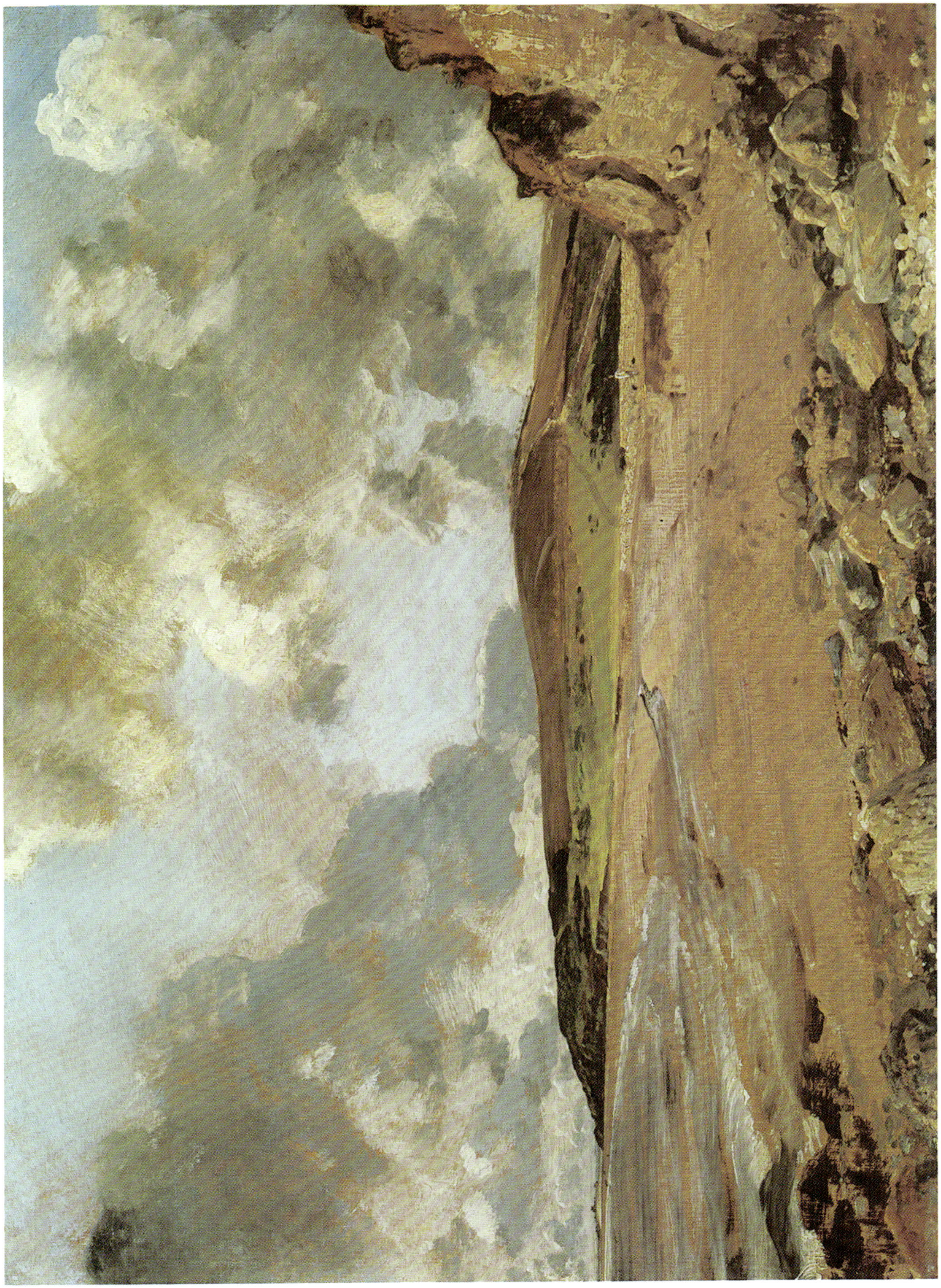

20 从白厅楼梯望滑铁卢大桥之揭幕
Waterloo Bridge from Whitehall Stairs

约1819（？）；厚纸板上油彩，29cm × 48cm；维多利亚与艾伯特博物馆，伦敦

图 31
白厅的楼梯，1817 年 6 月 18 日，滑铁卢大桥之揭幕

1832 年
布面油彩
私人收藏

  康斯太勃尔见证了 1817 年 6 月 18 日由摄政王子参与的滑铁卢大桥揭幕仪式。1819 年，他创作了以此桥为主题的第一幅速写。然而，尽管他希望于 1821 年在皇家艺术研究院展出一幅纪录此事件的大尺幅作品，并在后来也经常性地对此主题进行描绘，但他直到 1832 年都没能在皇家艺术研究院展览这幅作品，此画（图 31）现由私人收藏。这幅图版中的油彩速写的背面是一幅对林区景色的研习之作，此速写与他在 1819 年 8 月 11 日展示给法林顿看的画作有关。法林顿曾写道："我反对他运用'鸟瞰'视角，这减弱了桥和房屋的宏伟之感——他说他会重新考虑他的草稿。"现存于维多利亚与艾伯特博物馆的这幅画是否就是法林顿提到的那幅还存在着争议，但是此画的风格和技法都与康斯太勃尔在这个阶段所惯用的相吻合。

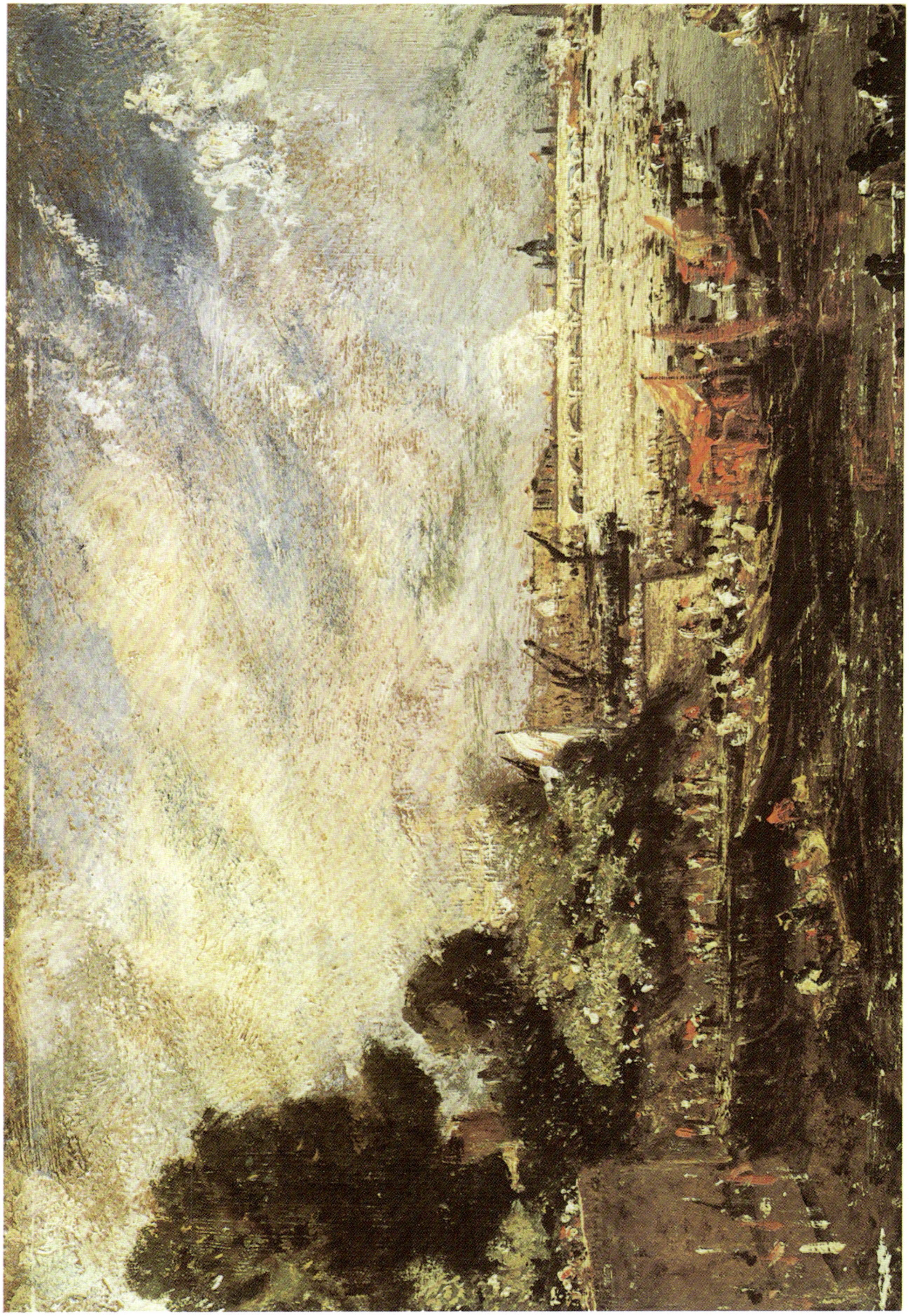

21 白色的马
The White Horse

1819年；布面油彩，131cm × 188cm；弗里克收藏馆，纽约

　　1819年，康斯太勃尔首次于皇家艺术学院展出他的大尺幅油画，是一幅"六尺"画——这大概是四英尺高，六英尺宽。它原先的题目为《斯陶尔河上的景象》（*A Scene on the River Stour*），不过在约翰·费希尔出资100几尼将其买下后，将它更名为《白色的马》。这幅画广受好评，评鉴委员会的一位评论家还说它"在轮廓的把握上更为平易近人，在对树、水、船等物体的描绘上也胜过我们所有风景画家所绘的作品"。莱斯利曾说它"比他之前参展的全部作品都更吸引人"，这其中的部分原因可能在于它的尺寸。康斯太勃尔似乎是意识到了，如果他想让他的作品看上去隶属于欧洲风景画的传统，它们则需要有较大的尺寸，只有这样，它们才能在成百上千幅展出于萨默塞特府的皇家艺术学院参展作品中脱颖而出。康斯太勃尔是否像创作《干草车》和他在19世纪20年代所绘的大幅画作那样，为此画作也准备过一幅等尺幅的习作还不得而知。一幅现存于美国国家美术馆的画作被人声称是《白色的马》的习作，但该画是否完全出自康斯太勃尔之手还存在着大量争议。这幅画所描绘的景象貌似是位于有着茅草屋顶的船库旁的弗拉富德磨坊的溪流下游，展现了磨坊溪流并入主要河流的场面。

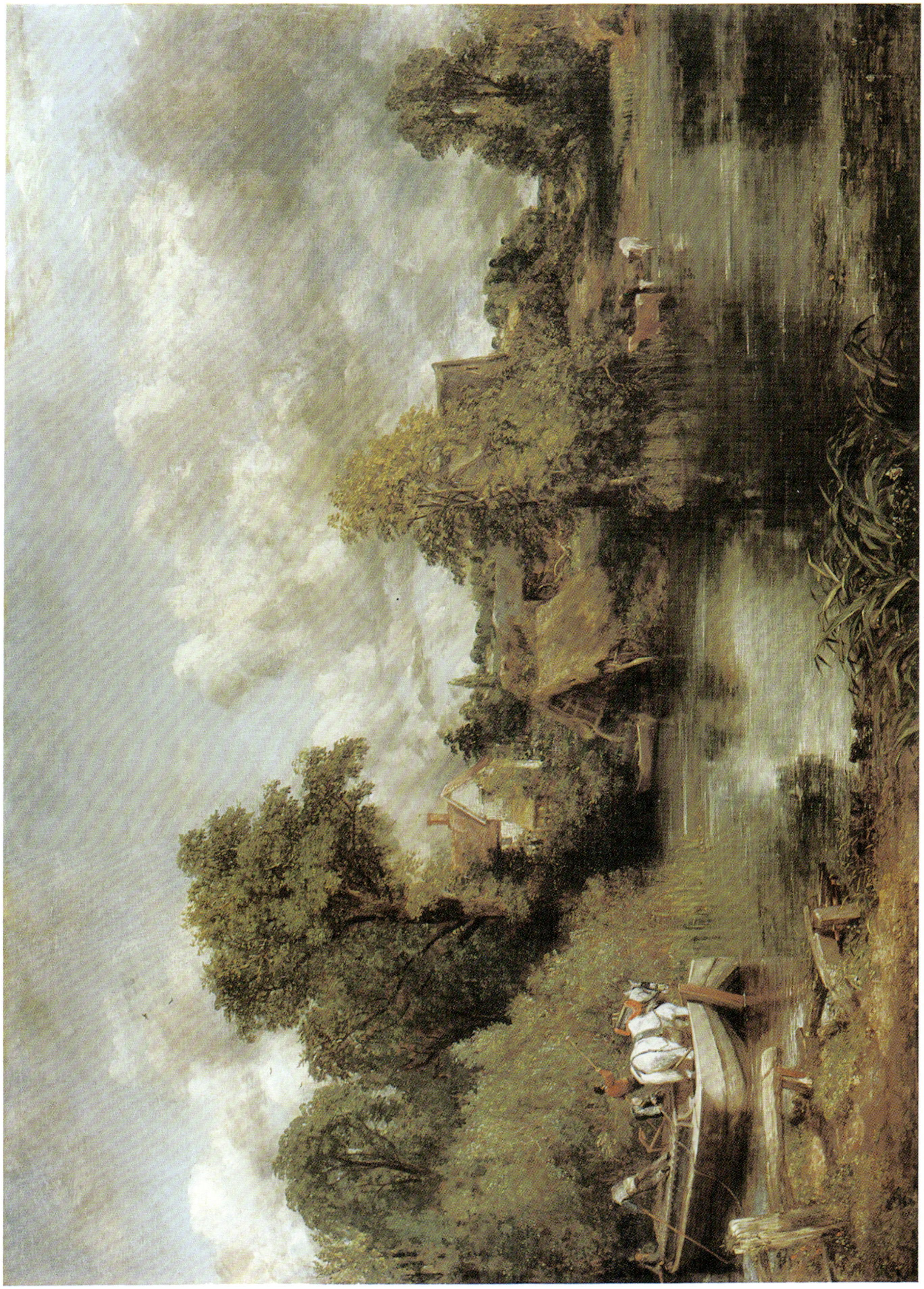

22 汉普斯特德荒野

Hampstead Heath

约1820年；布面油彩，54cm × 77cm；菲茨威廉博物馆，剑桥

　　康斯太勃尔第一次在汉普斯特德租房是在1819年。从那以后，他基本上每年都会定期在那儿待上几个月，当他在他位于夏洛特街的画室作画时，他的家人也时常会住在汉普斯特德。这幅画是他完成的最早一批描绘汉普斯特德荒野的作品之一，它可能在1821年或1822年曾于皇家艺术研究院展出（虽然人们无法确保这件事的真实性）。它与现存于维多利亚与艾伯特博物馆的一幅画作是一对，后者展现了从差不多相反的方向，越过西斯山谷（Vale of Health）池塘上方看向海格特（Highgate）及其东边所见的景象。这页彩色图版中的画作描绘的则是从靠近白石池（Whitestone Pond）的一处看向哈罗（Harrow）时所见的景色，在左侧的画面之外便是布兰奇丘之池。莱斯利曾评价过另一幅现存于泰特不列颠美术馆，与之相类似的描绘汉普斯特德荒野的画作，称其为证明在营造一片风景的温暖气氛时，暖色调并非必要的条件的一个绝好例子。他提到，蓝色的天空，深蓝色的远景，及生机勃勃的绿色草坪……这些冷色调都出现在了成稿之中。莱斯利还说道，这些冷色调被劳作者的红色上衣所平衡，这种对红色的强调同样也在这幅画中出现。这是康斯太勃尔频繁使用的技巧，在此画中马匹的挽具上也可见一二。在现藏于大英博物馆的于1819年使用的速写本中，康斯太勃尔画了许多他在汉普斯特德荒野所见景物的草稿，如马车、劳作者和驴。这些描绘对象时常也会出现在他后来所画的有关汉普斯特德荒野的作品中。此画前景中的那位劳作者正在倾倒某些东西，而在背景中的那位则似乎正在挖地。为了保护土壤，并为伦敦供水，这里的沙和砂砾被挖走，水也被堵住并集中在水库中。

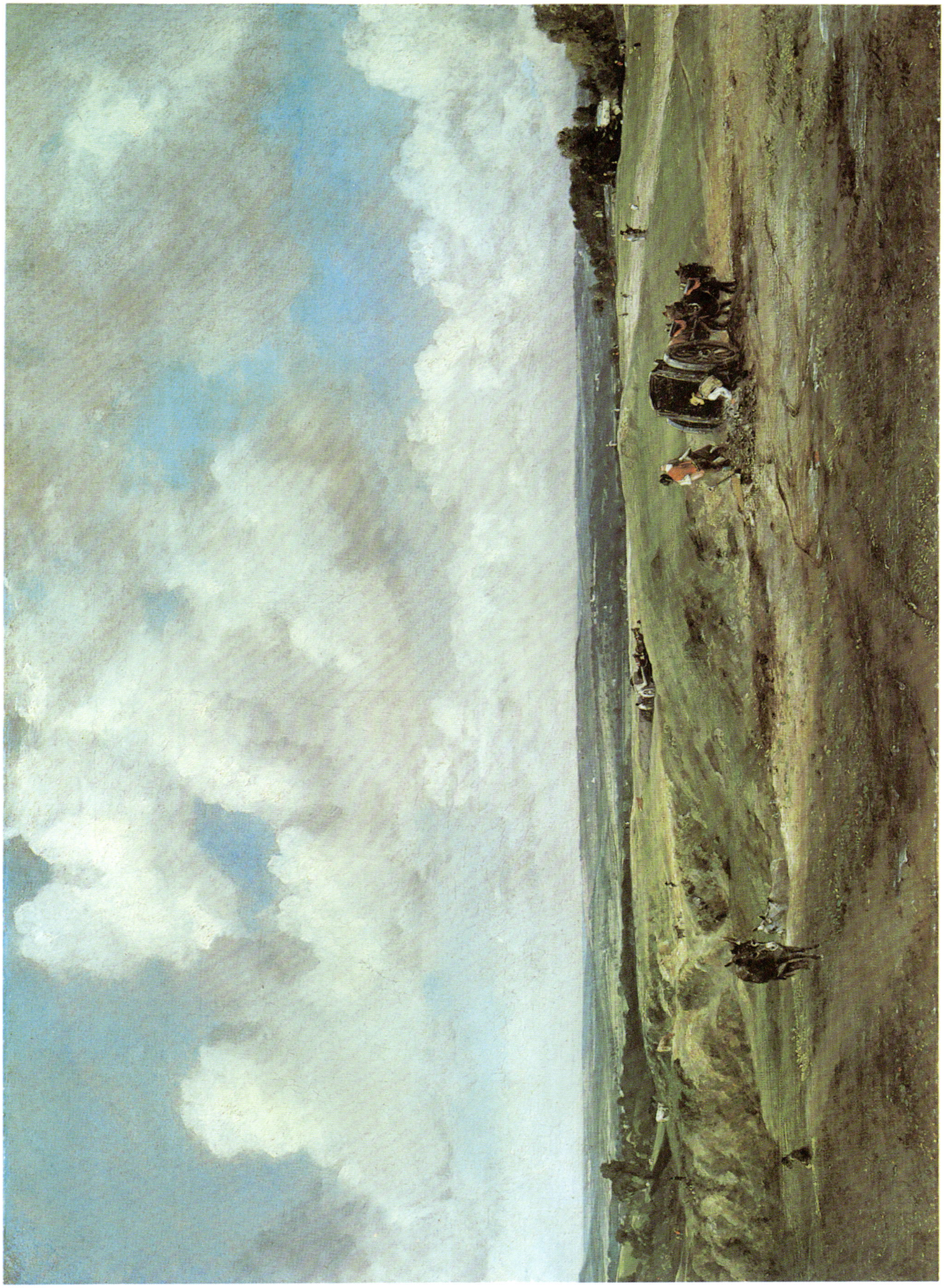

23　干草车
The Haywain

1821年；布面油彩，130cm × 185.5cm；英国国家美术馆，伦敦

　　《干草车》是康斯太勃尔最著名的作品，它曾于 1821 年在皇家艺术研究院展出。在此前的一年里，他曾展出另一幅描绘斯陶尔场景的画作《斯特拉特福磨坊》（图 2）。他原先的打算似乎是在 1821 年的展览中，展出《滑铁卢大桥之揭幕》（图 31、彩色图版 20），但直到 1832 年，这幅画作才被展出。因为《斯特拉特福磨坊》的成功，法林顿建议他选择一个与之类似的主题进行描绘，康斯太勃尔看起来也采纳了这个意见。《干草车》曾被称为《风景：正午》，展现了与作于 1814 年的《磨坊的溪流》（图 26）极为相似的场景，但视角却不尽相同：不仅溪流变宽了，右方远处的田野也被加进画面，来与左侧的农舍和树木相呼应。这种对水平构图的强调为画面带来了平和安宁的气息，与夏日午时的氛围相得益彰。出现在画面左侧的威利·洛特农舍对康斯太勃尔的重要性以及他在 1810 年和 1816 年间以此为主题的油彩速写，在彩色图版 14 的注解中就有所讨论。除了这些习作以外，康斯太勃尔还为《干草车》绘制了一幅等大尺幅的草稿，该稿现藏于维多利亚与艾伯特博物馆。这也许是他首次运用这种方式来为他的大尺幅作品做准备。这幅习作上色不厚，绝大部分的画布本身都透过颜料显露出来。康斯太勃尔貌似是在用这幅草图来寻找构图中的主要线条，并对光影关系及画面平衡做更深入的研究。运用等尺幅的油彩速写来研习的方法，不说是独一无二，也是很少见的。而且，昂贵的材料及大把的时间也被投入到这幅习作中。康斯太勃尔在 1820 年或 1821 年冬季的几个月里为在 5 月开幕的皇家艺术研究院展览绘制《干草车》。这幅画是在他位于伦敦的画室中完成的，与它所描绘的实景相距甚远。他曾请约翰·邓索恩描绘萨福克郡那满载丰收成果的运货马车，来给他做参考。康斯太勃尔的弟弟艾布拉姆在于 1821 年 2 月 25 日写给在伦敦的他的信中说道："我希望它会符合预期的目标；他［邓索恩］在寒冷的室外完成了这些画。"通过这样的构图方法，康斯太勃尔仍能在他的作品中加入那么多大自然的样貌和感觉是很令人赞叹的。

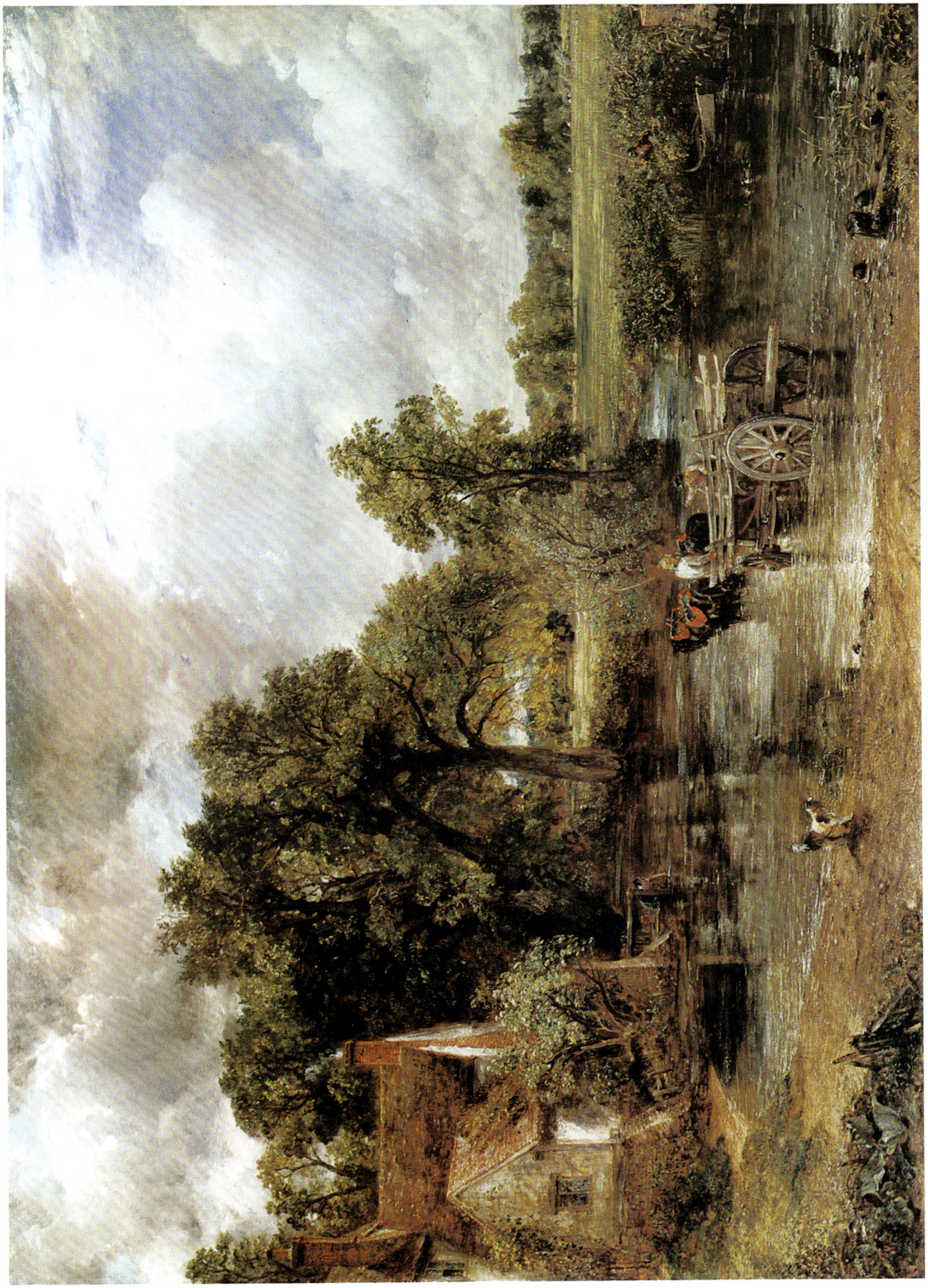

24 《干草车》（彩色图版 23）局部
Detail from 'The Haywain' (Plate 23)

康斯太勃尔在此画中捕捉到了夏日午时的静谧之感。莱斯利曾将《跳跃的马》和康斯太勃尔给拖着马车或驳船的马匹添上红色马鞍的习惯相联，并评论道，这大概是对真实场景的记录。然而，雕版师大卫·卢卡斯则写过，为康斯太勃尔的父亲工作的船员曾批评康斯太勃尔，说这样的"马饰"是从来不会被用来牵马的。对此，画家给出的答复是，这样的处理方式给了他"利用亮丽的红色边缘来与周围的绿色相对比"的机会。此页中的细节图表明，不论是在马鞍还是男子的夹克上，康斯太勃尔时常会在画作中添上几笔亮红色。显然，这样做的原因是为了画面效果。

图 33
《汉普斯特德荒野》
（彩色图版 42）局部

图 32
《从草地看索尔兹伯里大教堂》
（彩色图版 44）局部

图 34
《白色的马》（彩色图版 21）
局部

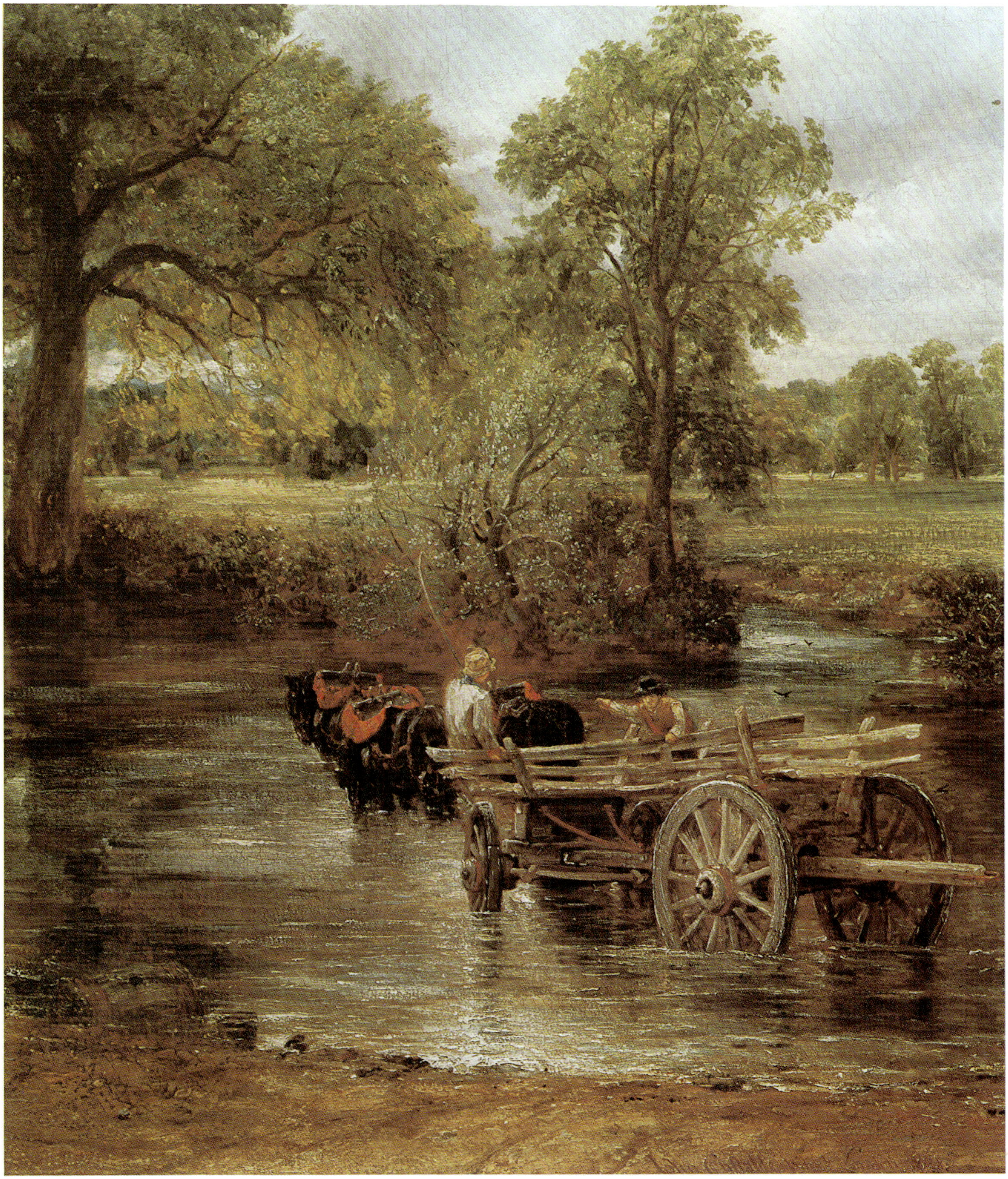

25 向西看汉普斯特德荒野
Study of Hampstead Heath, looking West

1821年7月14日；布面上铺纸上油彩，25.5cm × 30cm；皇家艺术研究院，伦敦

    这是康斯太勃尔在19世纪20年代早期于汉普斯特德荒野的高点所作的油彩习作之一。取景角度向着西面，哈罗教堂的尖塔则出现在远处的左方，映着太阳落下的景色。这些速写体现了康斯太勃尔对天空的着迷。他在此阶段所创作的有关天空和云朵的习作——其中很大一部分便是在汉普斯特德荒野画的——如彩色图版26，进一步加深了他对这一主题的兴趣。康斯太勃尔对天气效果、一天中的时间点及对瞬时性和具体性的热爱在写于此幅习作的画框上的题词中有所展现："汉普斯特德，1821年7月14日，晚上6点至7点，西北强风。"这段文字还透露出康斯太勃尔因要在云朵变换造型前抓住并记录下这些形状所需的快速。

    图35也展示了他在1821年于汉普斯特德创作时的速度之快，尤其是在处理摇曳着的树叶的高光部分时。

图35
汉普斯特德的天空和树习作

1821年
纸上油彩
维多利亚与艾伯特博物馆，伦敦

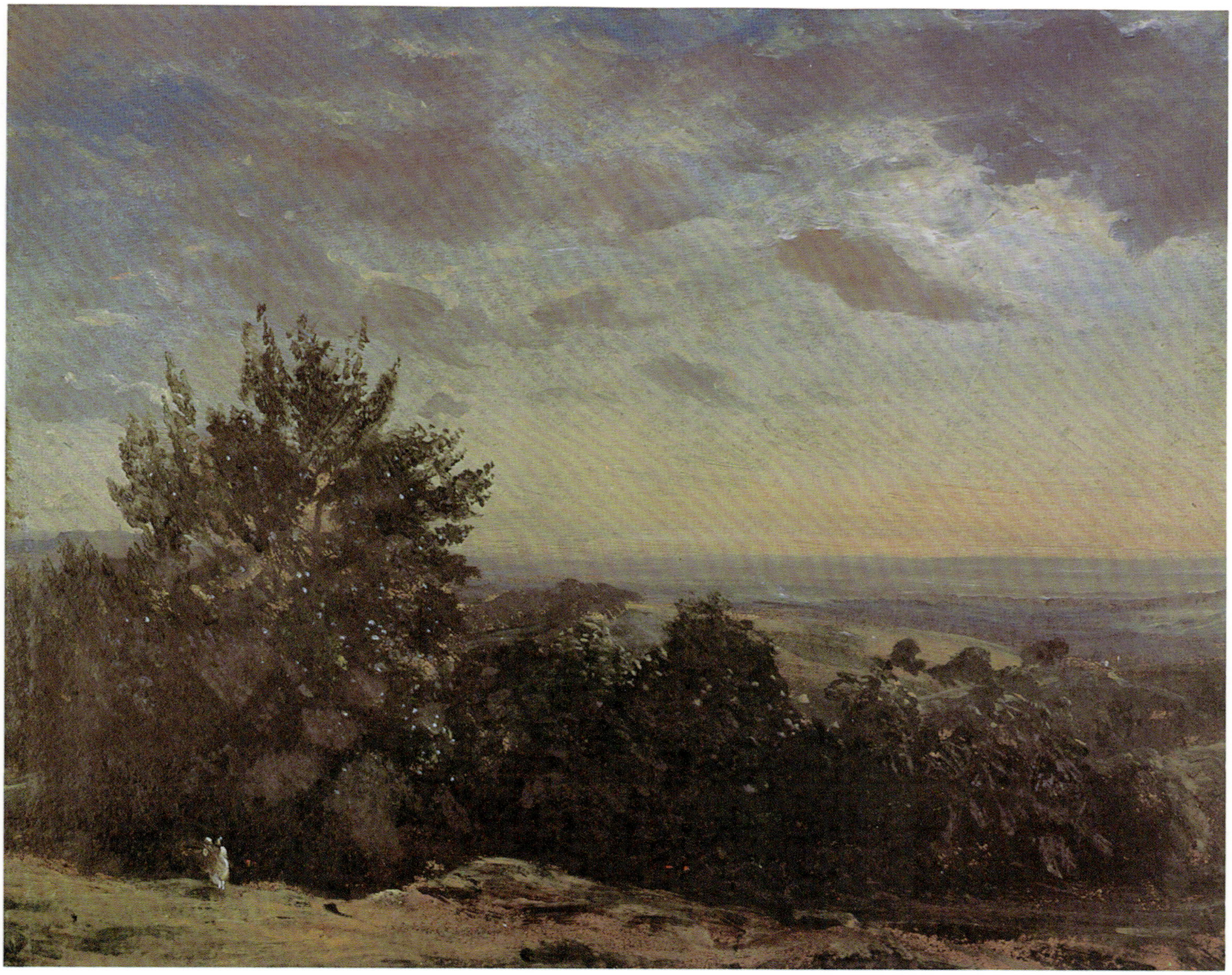

26　一排树上的云朵习作
Cloud Study with a Horizon of Trees

1821年9月27日；木板上铺纸上油彩，25cm × 29cm；皇家艺术研究院，伦敦

图 36
汉普斯特德的天空、树和红屋习作

1821年
纸上油彩
维多利亚与艾伯特博物馆，伦敦

这幅云朵习作的背后写着："9月27日正午，西风，下雨过后的晴天"（见彩色图版30的注解）。图36是另一幅康斯太勃尔作于1821年9月的有关树与云的习作。

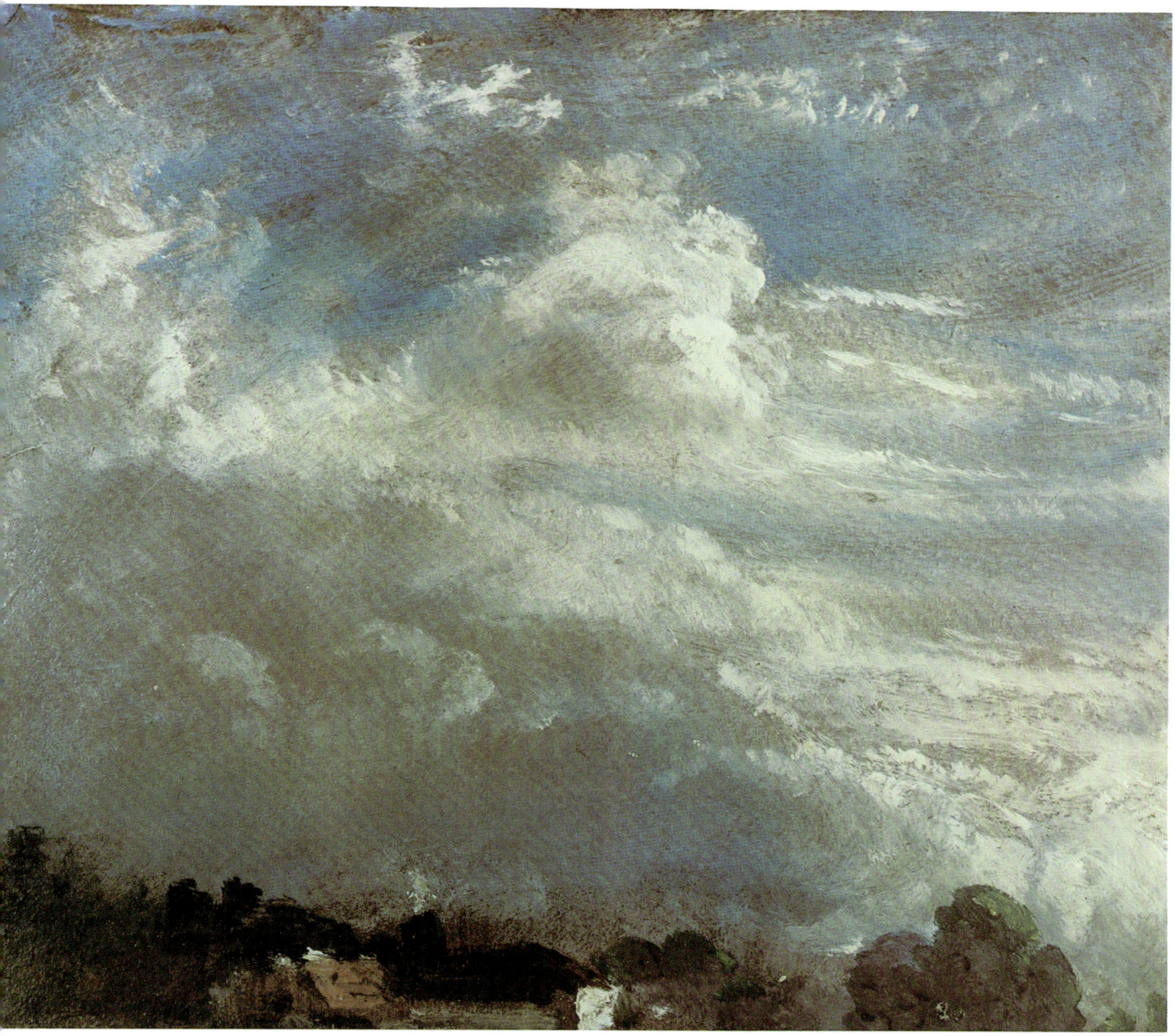

27　汉普斯特德附近高地上的房屋
Buildings on Rising Ground near Hampstead

1821年10月13日；纸上油彩，25cm × 30cm；维多利亚与艾伯特博物馆，伦敦

图 37
下池塘，汉普斯特德

1823 年
铅笔和水彩
大英博物馆，伦敦

　　与彩色图版 26 一样，一天中的时间和天气情况被详细地记录在了画作背面："1821 年 10 月 13 日，下午 4 点至 5 点，东北边刮来的微风很舒服。"画中描绘的建筑可能就是那座以"盐罐"（Salt Box）著称的房子，水面则可能是布兰奇丘之池。在这一年中，康斯太勃尔住在汉普斯特德的排屋二号（No.2 Lower Terrace）。作于 1823 年 6 月 26 日，描绘汉普斯特德的下池塘（Lower Pond）的水彩画（图 37）似乎是根据现存于大英博物馆的一本 1819 年使用的速写本当中的一幅铅笔草稿而作。它所具有的装饰性鲜艳效果与他画家生涯第二个阶段所作的水彩画有关。

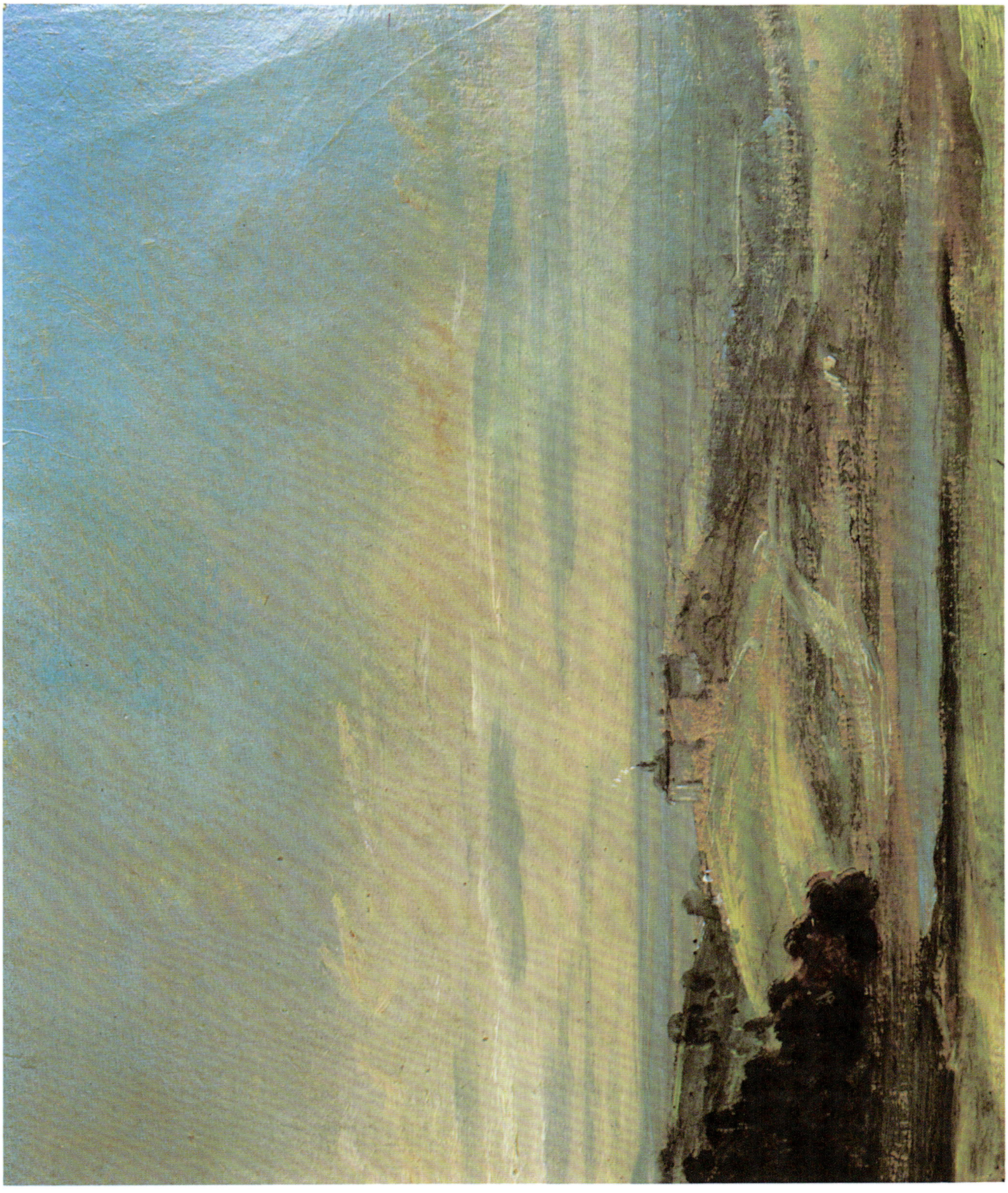

28　索尔兹伯里大教堂：紧闭的墙
Salisbury: The Close Wall

1821年（？）；布面油彩，60cm × 51cm；菲茨威廉博物馆，剑桥

图38
河那边的索尔兹伯里大教堂

1823 年
纸上铅笔
维多利亚与艾伯特博物馆，伦敦

　　虽然这幅画作的完成度没那么高，但它是展现康斯太勃尔之细致的绝好例子：他描绘了风景中各种各样的绿色，并准确地表现了草坪、树叶和水生植物，使它们多样的形态跃然布面。

　　他对大自然不同形态的物体的精准描绘能力在他的铅笔素描稿中也有所体现，如作于 1823 年 8 月 20 日的《河那边的索尔兹伯里大教堂》（*Salisbury Cathedral Seen from the River*，图 38）。

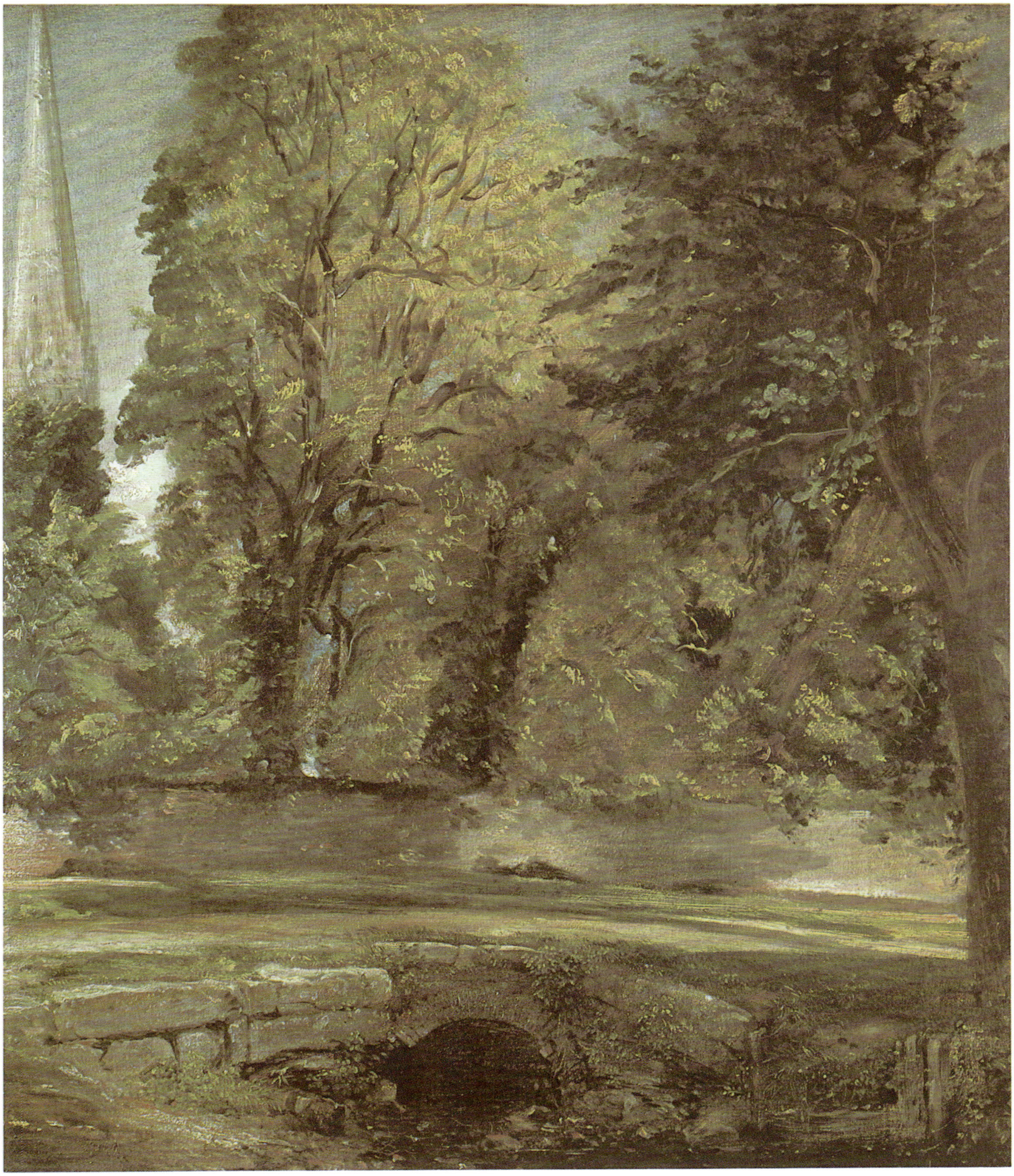

29 布兰奇丘之池，汉普斯特德
Branch Hill Pond Hampstead

约1821—1822年；布面油彩，24cm × 39cm；维多利亚与艾伯特博物馆，伦敦

这幅作品展现的是在汉普斯特德荒野，大致是往哈罗的方向看所见的景象，描绘的兴许是布兰奇丘之池。画布底部和两侧的边缘——也许是在它被人从原来的画框上卸下来后——又被加工，以扩大原作的尺寸。在河边喝水的马匹是一个经常出现在康斯太勃尔作品中的形象，在彩色图版33和彩色图版42中也有呈现。正在喝水的马也出现在了他于1821年为《干草车》所作的等尺幅习作中，但它在成稿中还是被抹去了。

康斯太勃尔在创作一些精饰画（见彩色图版42）时还参考了另一幅稍早些时候的油彩速写《布兰奇丘之池》（图39）。

图39
布兰奇丘之池

1819年
布面油彩
维多利亚与艾伯特博物馆，伦敦

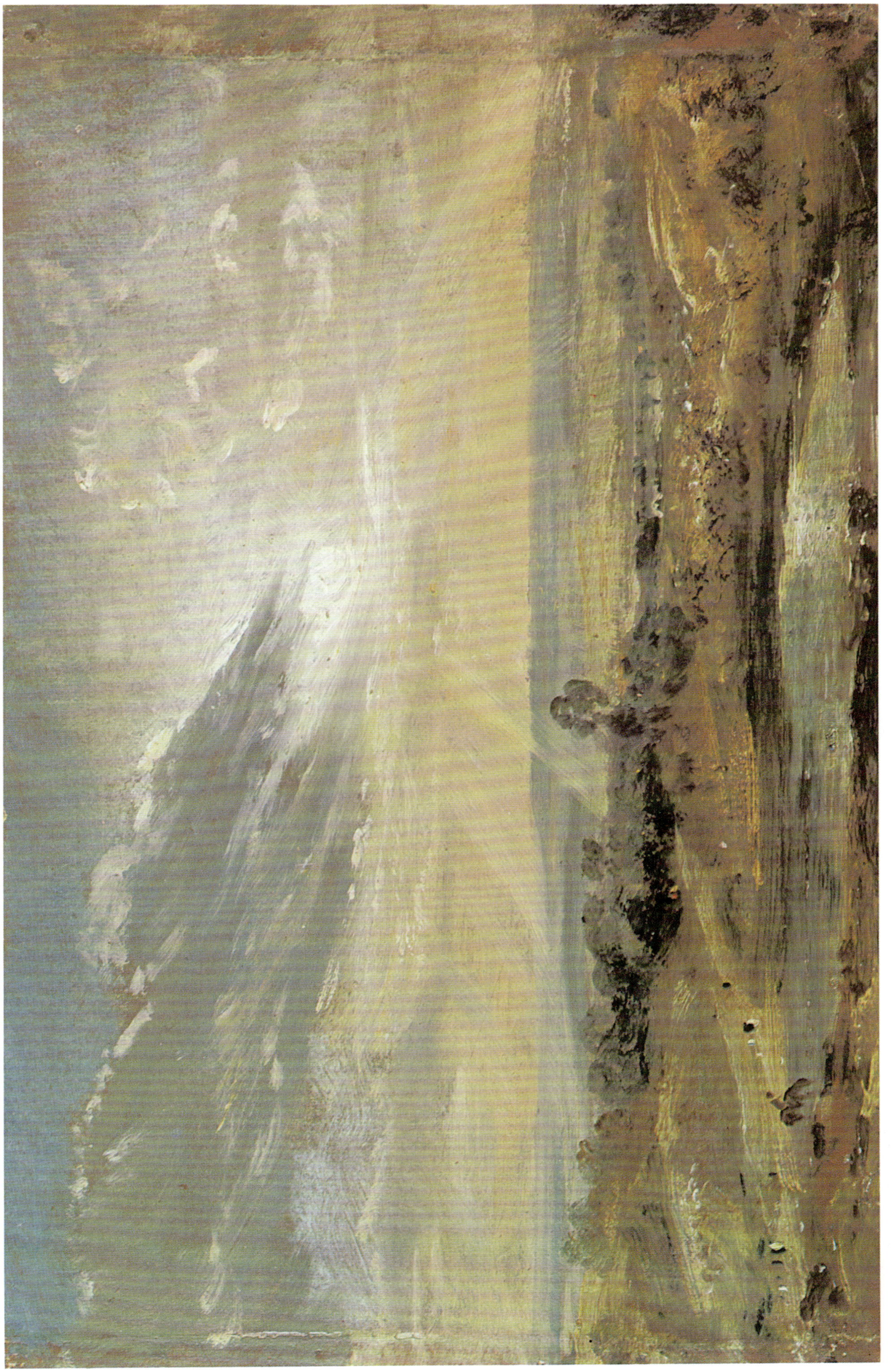

30 云朵习作
Cloud Study

1822年；布面油彩，48cm × 57cm；泰特不列颠美术馆，伦敦

1821年至1822年间，康斯太勃尔于汉普斯特德创作了大量有关天空的习作。虽然其中的一些是在1822年之后完成的，但他在这两年中以天空为主题做了专门的研习。在1821年所作的速写中，康斯太勃尔一般都会在画作底部画上土地或树（见彩色图版26），而那些在1822年完成的作品，则主要是画天空。1822年10月7日，康斯太勃尔在写给费希尔的信中说，他画了"大约50幅细致且还算大幅的天空习作"，在此彩色图版中的这幅有可能便是其中之一，因为它与他平时所作的油彩速写相比，尺寸更大，完成度也更高。1821年10月23日，康斯太勃尔在写给费希尔的一封长信中解释了他为什么对天空情有独钟："在大自然中，天空是'万物之光'——它主宰着世间万物。就连我们平常观察每日的天气都是基于天空，只是我们并没有意识到而已。"这封信的更多内容在本书第14页中也有所提及。康斯太勃尔记录在这些天空习作和其他速写作品背面的天气情况和时间，体现了他对变化多端的天气轨迹的兴趣。之前的天气状况是如何影响随后的环境——如阵雨过后的光线，从某处吹来的风对之后的天气的影响——也让他着迷。康斯太勃尔似乎并没有哪幅成稿是完全基于他的天空习作的——虽然它们往往只展现了天空的一部分——但是他很是看重这些习作，因为它们不仅是他在画室中作画时有用的参考，还是他在大自然中主动观察所得的成果，是他科学研究的一部分。康斯太勃尔在汉普斯特德，甚至是在斯陶尔河谷和其他并非汉普斯特德的地方所观察到的天空的普遍特征，都会被他加进他的成稿之中。比如，《干草车》（彩色图版23）的天空便可以说是"汉普斯特德天空"，虽然它是在他开始他那专门的天空研习之前所创作的画作。有时候，康斯太勃尔还在不同作品中用到同一片天空。作于1820年，现存于泰特不列颠美术馆的《哈里奇港的灯塔》（*Harwich Lighthouse*，图40）中的天空，便与现存于泰特不列颠美术馆的《雅茅斯码头》（*Yarmouth Jetty*，1823年）中的天空非常相似，而它们又分别有几个不同的版本。

图 40
哈里奇港的灯塔

展出于 1820 年（？）
布面油彩
泰特不列颠美术馆，伦敦

31 树丛中的马匹习作：夜间
Study of a House amid Trees: Evening

1823年10月4日；纸上油彩，25cm × 30.5cm；维多利亚与艾伯特博物馆，伦敦

虽然这幅油彩速写所描绘的景象并不能被准确地辨认出来，但它应该是在汉普斯特德完成的。因为在1823年，当康斯太勃尔结束与费希尔在索尔兹伯里的暂居后，便于9月10日回到伦敦，并待到了10月20日，随后则去往克雷欧顿拜访乔治·博蒙特爵士。在伦敦时，他在夏洛特街的房子（他的工作室）和汉普斯特德（他的妻子和家庭成员居住的地方）之间往返。在克雷欧顿，康斯太勃尔花了很多时间临摹博蒙特爵士所藏的两幅克劳德的风景画，这段经历帮助他重温了艺术的历史，即便他在伦敦的妻子因为他长期不在而变得越来越不满。

康斯太勃尔很爱画树，并一直在细心地表现不同树种的形态和多样的树叶（图41）。

图 41
汉普斯特德的树

1821年（？）
布面油彩
维多利亚与艾伯特博物馆，伦敦

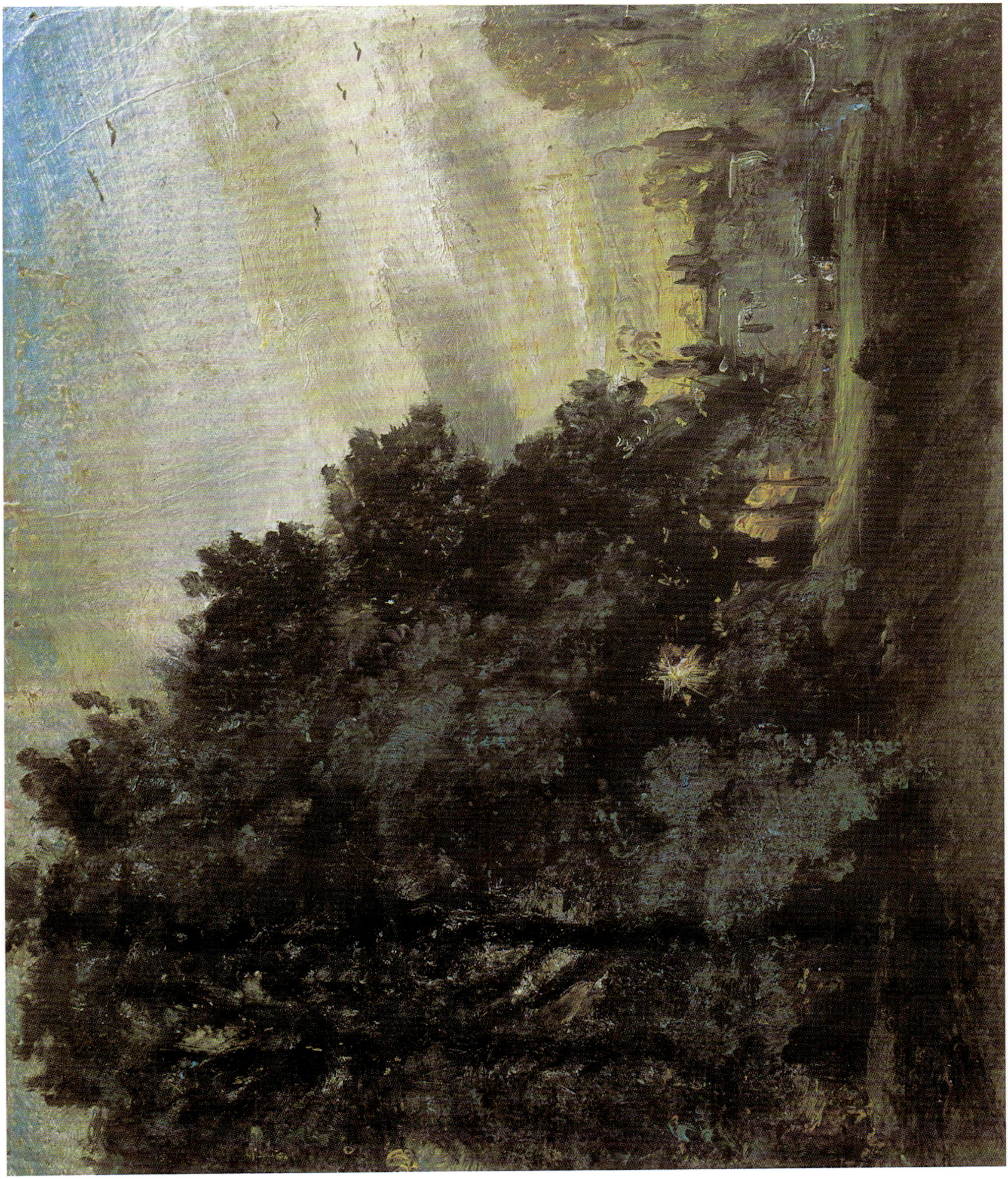

32 拾穗者，布莱顿
The Gleaners, Brighton

1824 年；布面油彩，16cm × 30cm；泰特不列颠美术馆，伦敦

这是一幅挥洒自如的习作，它捕捉到了风拂过的感觉和布莱顿的山坡上的光和空间。康斯太勃尔在表现云朵的高光部分时运用了调色刀。在 1825 年的 1 月，康斯太勃尔把他的一些油彩速写寄给了约翰·费希尔，并说道："……像往常一样，它们是在我放在膝上的盒子盖上完成的。"《布莱顿的海岸，雷雨交加的夜晚》(*The Coast at Brighton, Stormy Day*) 中也有使用调色刀的痕迹，这幅画作于 1828 年 7 月 20 日周日的晚上。

图 42
《布莱顿的海岸，雷雨交加的夜晚》局部

题字："布莱顿，周日夜晚，1828 年 7 月 20 日"
布面油彩
保罗·梅隆藏品，耶鲁大学英国艺术中心，康涅狄格州纽黑文

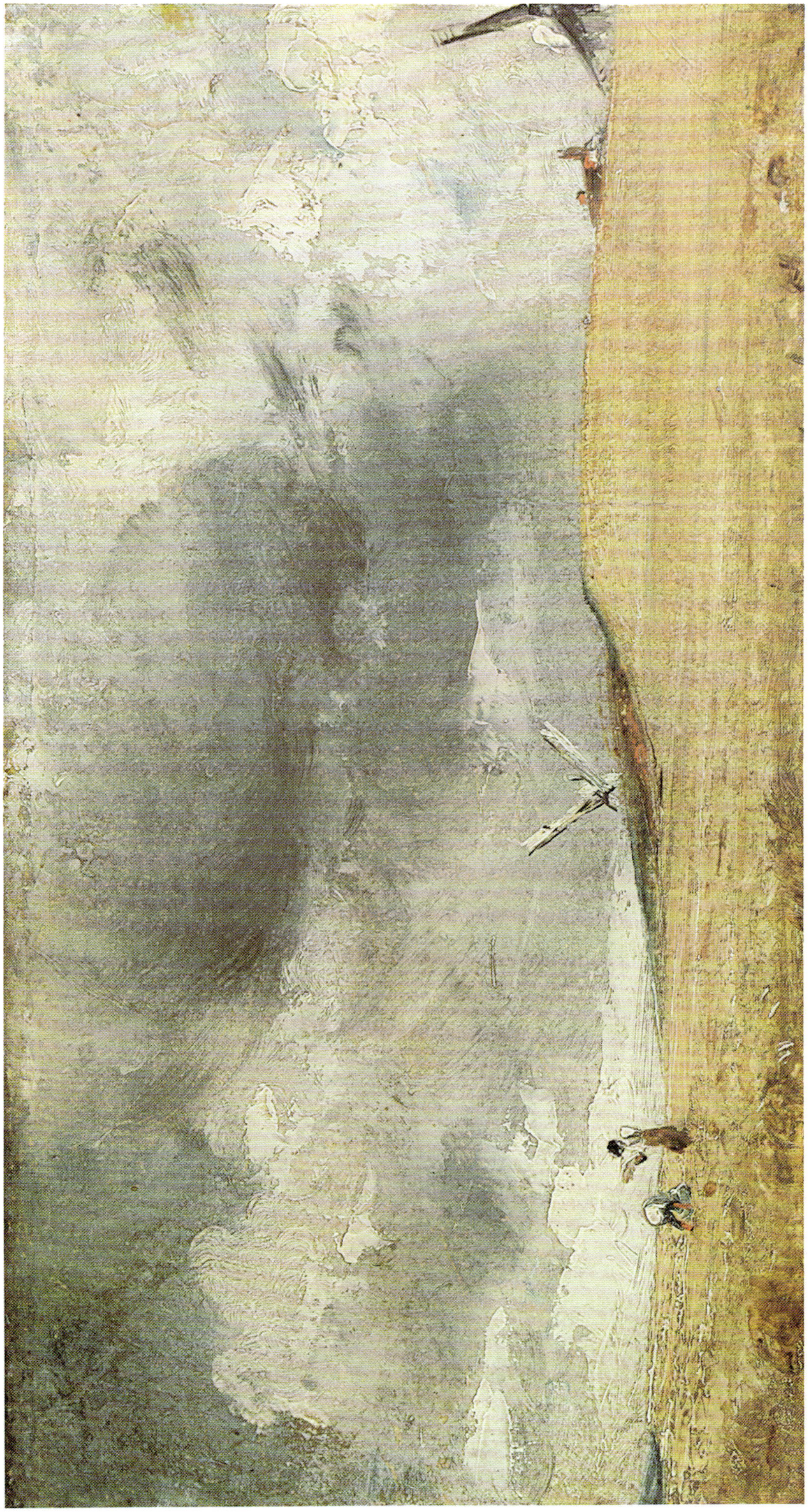

33　　　　　　　　　　　　　　　　**汉普斯特德的小树林（海军上将之屋）**
　　　　　　　　　　　　　　　　　The Grove, Hampstead (The Admiral's House)

约1820—1825年；布面油彩，36cm × 30cm；泰特不列颠美术馆，伦敦

图43
汉普斯特德的小树林

1821—1822年
布面上铺纸上油彩
维多利亚与艾伯特博物馆，伦敦

　　这幅画可能作于19世纪20年代早期。虽然它在色调上较《河那边的索尔兹伯里大教堂》（彩色图版35）更昏暗，但是这两幅画在绘画技法上却很相近。这座被树木环绕的房屋被称为"海军上将之屋"，为海军上将马修·巴顿所建，后者显然是将屋顶建成了战舰后甲板的式样。另一个描绘同一房屋的另一个视角出现在图43中，也许这两幅画作于同一段时间内。在维多利亚与艾伯特博物馆的这幅画所描绘的是从汉普斯特德的下排屋二号的窗户望出去所见的景色。康斯太勃尔在1821年和1822年租下了这个地方。

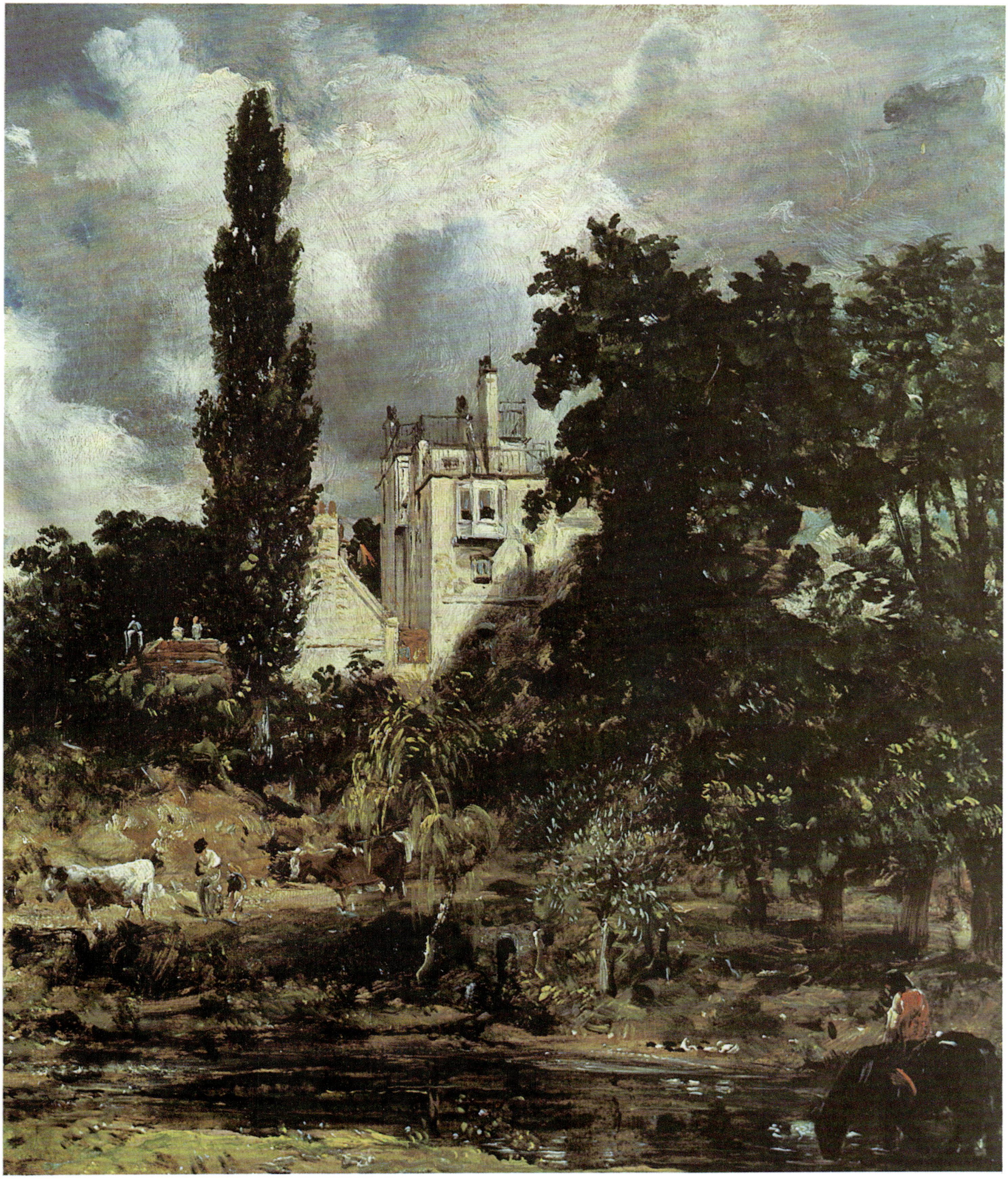

34 云雨下的海景习作（布莱顿附近？）
Seascape Study with Rain Clouds (near Brighton?)

约1824—1825年；布面上铺纸上油彩，22cm × 31cm；皇家艺术研究院，伦敦

图44
布莱顿附近的海

1826年
纸上油彩
泰特不列颠美术馆，伦敦

    1824年，康斯太勃尔首次带着他的夫人来到布莱顿疗养，这幅油彩速写有可能是他在这次旅程或之后几次的行程中完成的。它捕捉到了海上暴风雨的稍纵即逝感，以及左侧的那一束照亮海平面的光。康斯太勃尔对云朵的习作在本书第19—20页和彩色图版30的注解中均有所提及。在他后期的作品中，康斯太勃尔愈来愈多地以戏剧性的云层效果、暴风雨来临时天空的骇人场景为描绘对象。图44描绘了布莱顿的另一片海岸，昏暗的天空预示着坏天气的来临。

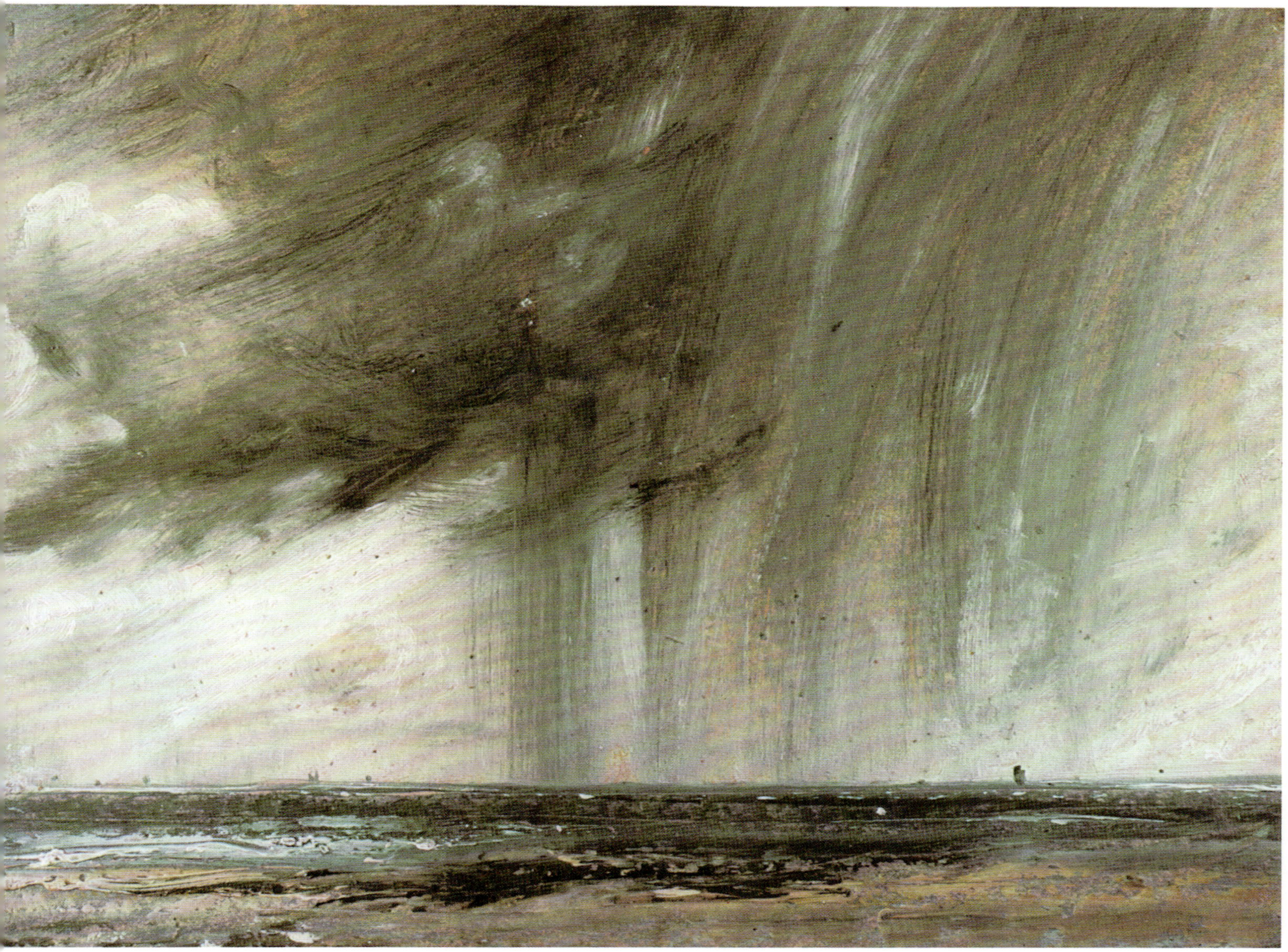

35　河那边的索尔兹伯里大教堂
Salisbury Cathedral from the River

1820年代；布面油彩，53cm × 77cm；英国国家美术馆，伦敦

　　1811年的9月，康斯太勃尔第一次住到了费希尔主教位于索尔兹伯里的家。也正是在此期间，他与主教的侄子约翰·费希尔成为密友，后者为画家提供了很多帮助。康斯太勃尔写给费希尔的信件的字里行间也透露了许多他对艺术的看法。自1811年到1829年，康斯太勃尔不止一次地造访了索尔兹伯里。也正是从索尔兹伯里，康斯太勃尔远足至吉灵厄姆，即约翰·费希尔担任教区牧师的地方。这样的旅程为康斯太勃尔的《吉灵厄姆的磨坊，多塞特郡》(*Gillingham Mill, Dorset*，图45)提供了素材，此画曾在1827年于皇家艺术研究院展出。在此彩色图版中的关于索尔兹伯里大教堂的油彩速写创作于19世纪20年代，它展现了康斯太勃尔持续而充满活力地绘于浅棕底色上的速写——他在过去的20年中一直在发展这种风格。

图45
吉灵厄姆的磨坊，多塞特郡

展出于1827年
布面油彩
维多利亚与艾伯特博物馆，伦敦

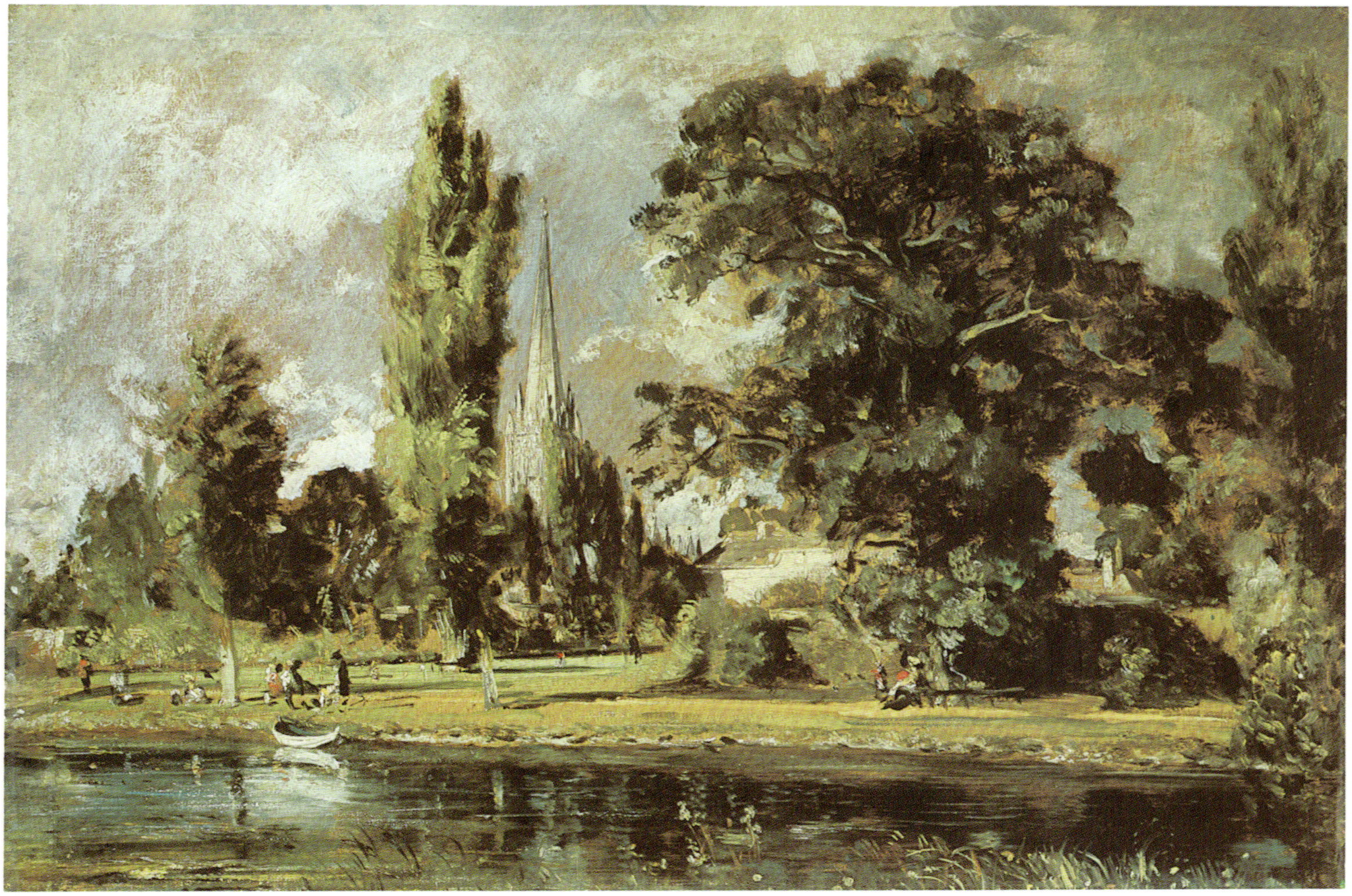

36 为《跳跃的马》所作的等尺幅习作
Full-Scale Study for The Leaping Horse

1824—1825年，布面油彩，51cm × 74cm；维多利亚与艾伯特博物馆，伦敦

一幅现存于大英博物馆的素描（图46）展现了康斯太勃尔对《跳跃的马》构图的早期构想，它已然与等尺幅习作十分相近。原本在马匹的某一边有两个柳树树桩，然而从最后展出的成稿中可以发现，康斯太勃尔盖住了右侧的树桩；等尺幅习作中的线索表明，这幅画中曾经也有两个柳树树桩，只不过这回被盖住的是左边的这个。能够肯定的是，康斯太勃尔在设计构图的过程中经常会经历疑惑和踌躇的阶段。1825年1月5日，他在写给费希尔的信中说道："在这幅我带着像往常一样的焦虑开始创作的六英尺画布前，我匆忙地写下这封信……它描绘的是一片运河的风景。"这幅等尺幅的画作与只是薄涂的《干草车》习作相比显得十分完善，它和最后的成稿有可能是在某个时间段内同时创作的，只是画家一直在探索该将哪一幅发展为最终成品。有证据表明，这两者的构图一直在发生变化，康斯太勃尔也许在创作这两幅作品的同时，也在思考其他的构图方式。除此之外，在康斯太勃尔日渐年老的过程中，大量的工作和对画面的修改，以及由此而得的复杂画层肌理本身对他而言也富有独特的意义，以至于他很难不在画中不断增加深度和丰富程度。

图46
为《跳跃的马》而作的素描

1824—1825年
粉笔和墨水淡染
大英博物馆，伦敦

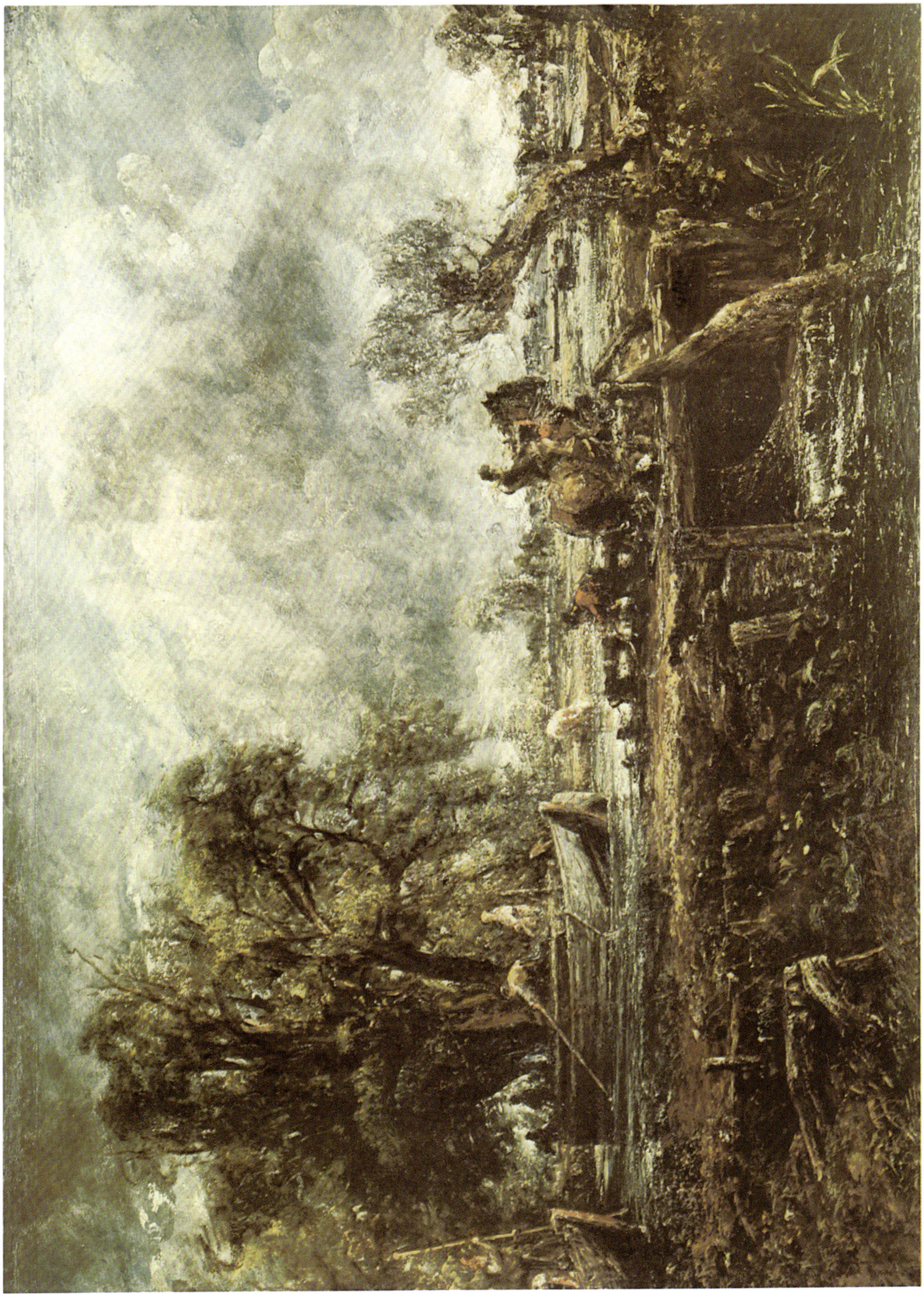

37 跳跃的马
The Leaping Horse

1825年；布面油彩，136cm × 180cm；皇家艺术研究院，伦敦

除了《干草车》（彩色图版 23），这可能算是康斯太勃尔最有名的作品了。它描绘了一匹马在拖驳船时跃过牵道上的一道屏障的画面，这种屏障是为防止牛从一片牧场因为迷路而窜到另一片牧场而设的，这也是斯陶尔河谷的日常生活场景。这幅于 1825 年展出于皇家艺术研究院的画作在风格和构图方面都与《干草车》有很大的不同。在这幅画展出前与展出后，康斯太勃尔都在构图上进行了多处改动，因而画面不再有他早期作品里那种细致入微的地形准确度。然而，对康斯太勃尔来说，这本质上还是斯陶尔风景，所以在最终成稿中，他在远处的右方描绘了戴德姆的教堂塔，后者丰富的细节并没有出现在画作的其他地方。画面上半部分中那背对着天空的马匹和骑者的轮廓展现了在此画之前的成稿中少有的戏剧性和高大感。其中部分原因是康斯太勃尔在这幅画中选用了不寻常的低视角，这让马匹、驳船和树木在观众面前显得庄严而宏伟。

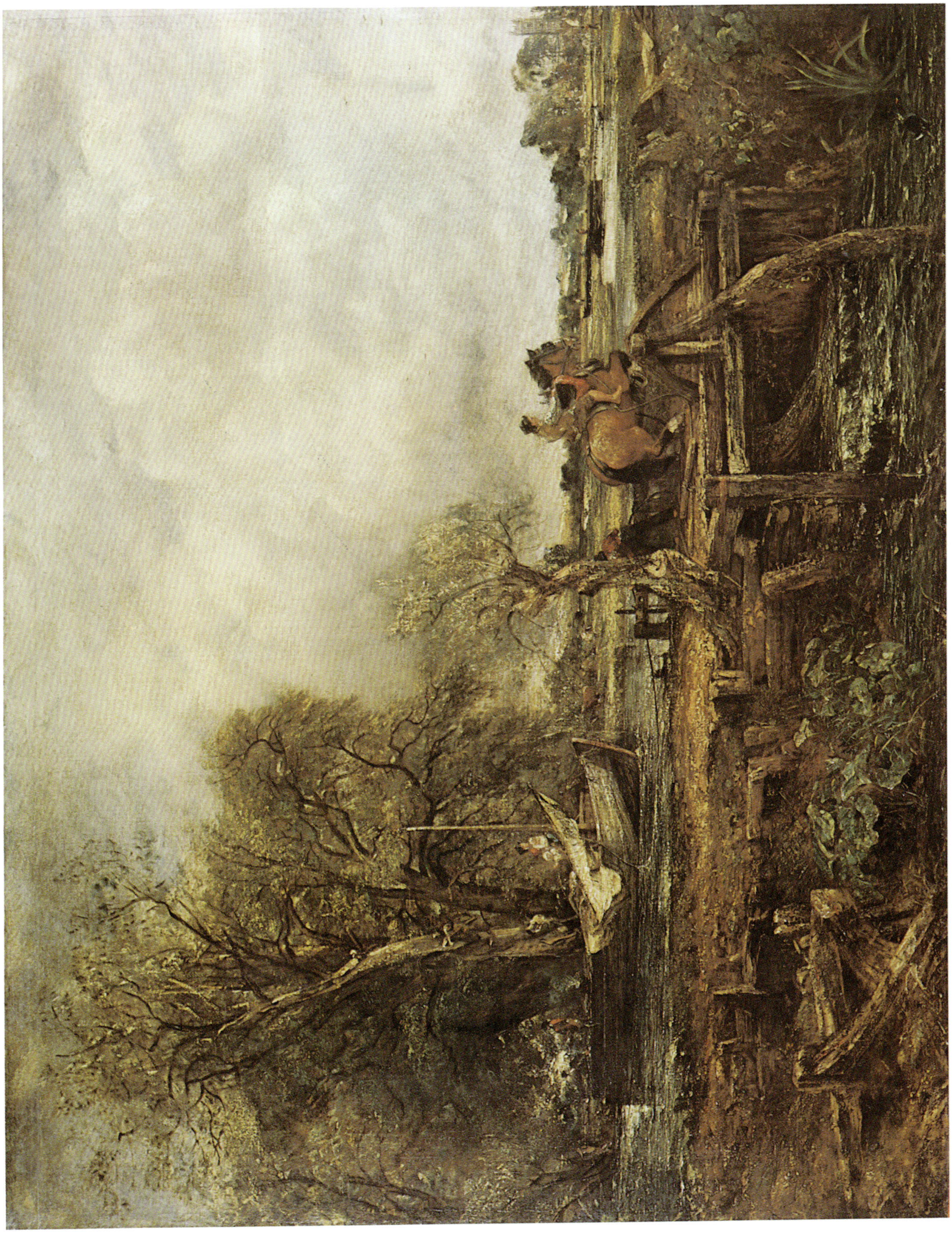

38 《跳跃的马》（彩色图版 37）局部
Detail from 'The Leaping Horse' (Plate 37)

这张《跳跃的马》的细节图展现了康斯太勃尔那复杂、厚重而饱含生气的笔触。特别注意在驳船船尾上方的区域——深色背景上的白色颜料几乎像是正炸裂开来。

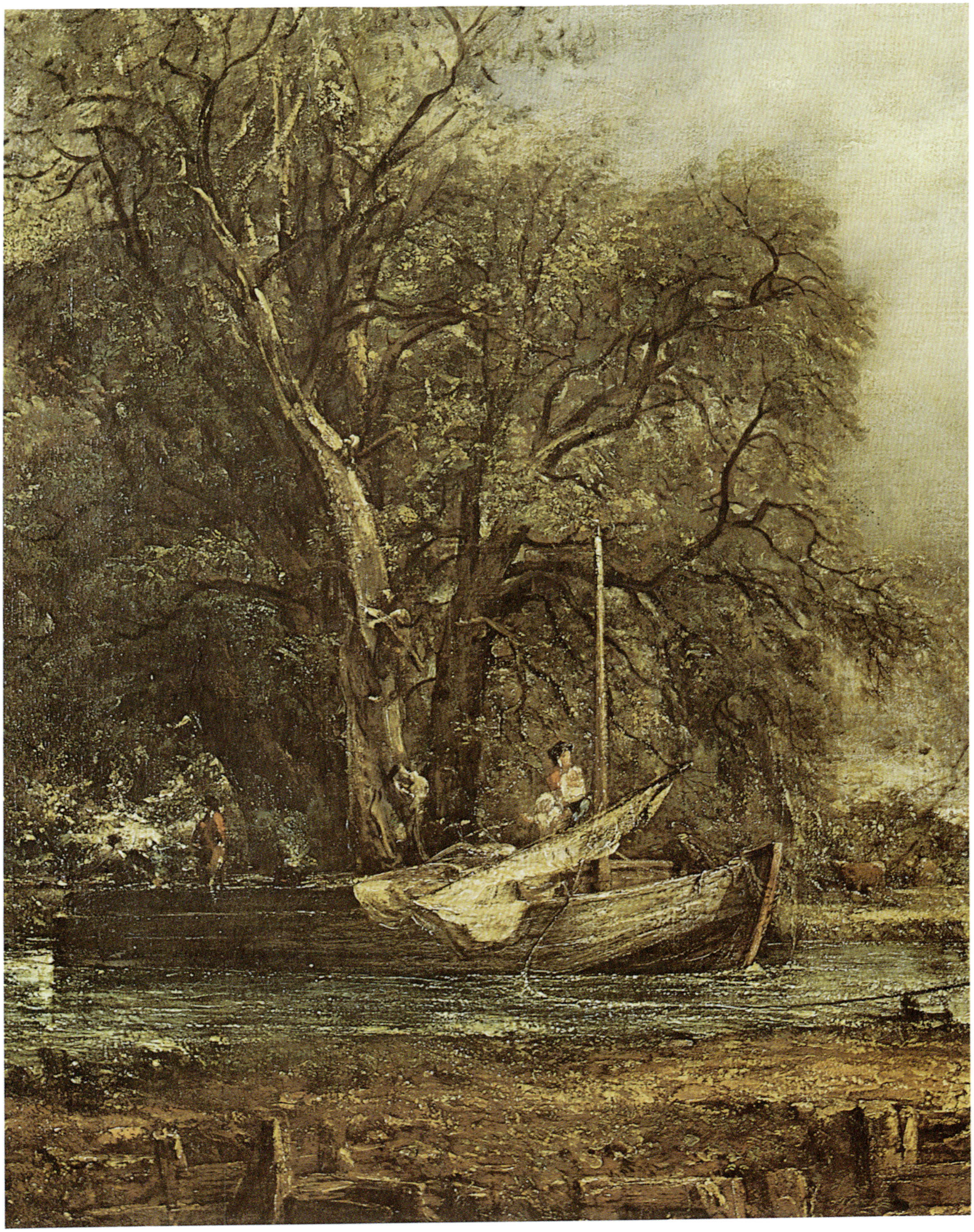

39 小麦田
The Cornfield

1826年；布面油彩，143cm × 122cm；英国国家美术馆，伦敦

　　这幅画作曾在 1826 年于皇家艺术研究院展出。它描绘了东伯格霍尔特的一条小巷，一直沿着它走便能到达戴德姆的牧场。这也是康斯太勃尔在孩提时期上学会经过的道路。远处的小教堂塔可能是想象出来的。康斯太勃尔在描绘这幅画中不同种类的树木时非常仔细。在 1826 年 4 月 8 日写给费希尔的信中，他说道："我对这些树的研究比以往更为深入，它们的种类和特点都被刻画出来——它们在美好而有益健康的微风中摇曳。"康斯太勃尔在后来的《从草地看索尔兹伯里大教堂》（彩色图版 44）中又描绘了曾在《小麦田》中出现过的狗。《小麦田》与康斯太勃尔在这个时期——即他从执着于精准的细节转变为较粗糙的刻画的过程——所绘的画作相比，是一幅完成度很高的作品，这也许是有意为之。他给费希尔写信说道："我真心希望能卖出这幅画——因为比起以往的其他画作，它在视觉上显得更令人舒心。"兴许也正是因为如此高的完成度，让一些客户在 1837 年想要从他的遗嘱执行人那里买下这幅画——康斯太勃尔并没有卖出它，而是将它捐给了英国国家美术馆。由此，它成为康斯太勃尔第一幅被公共机构收藏的作品。

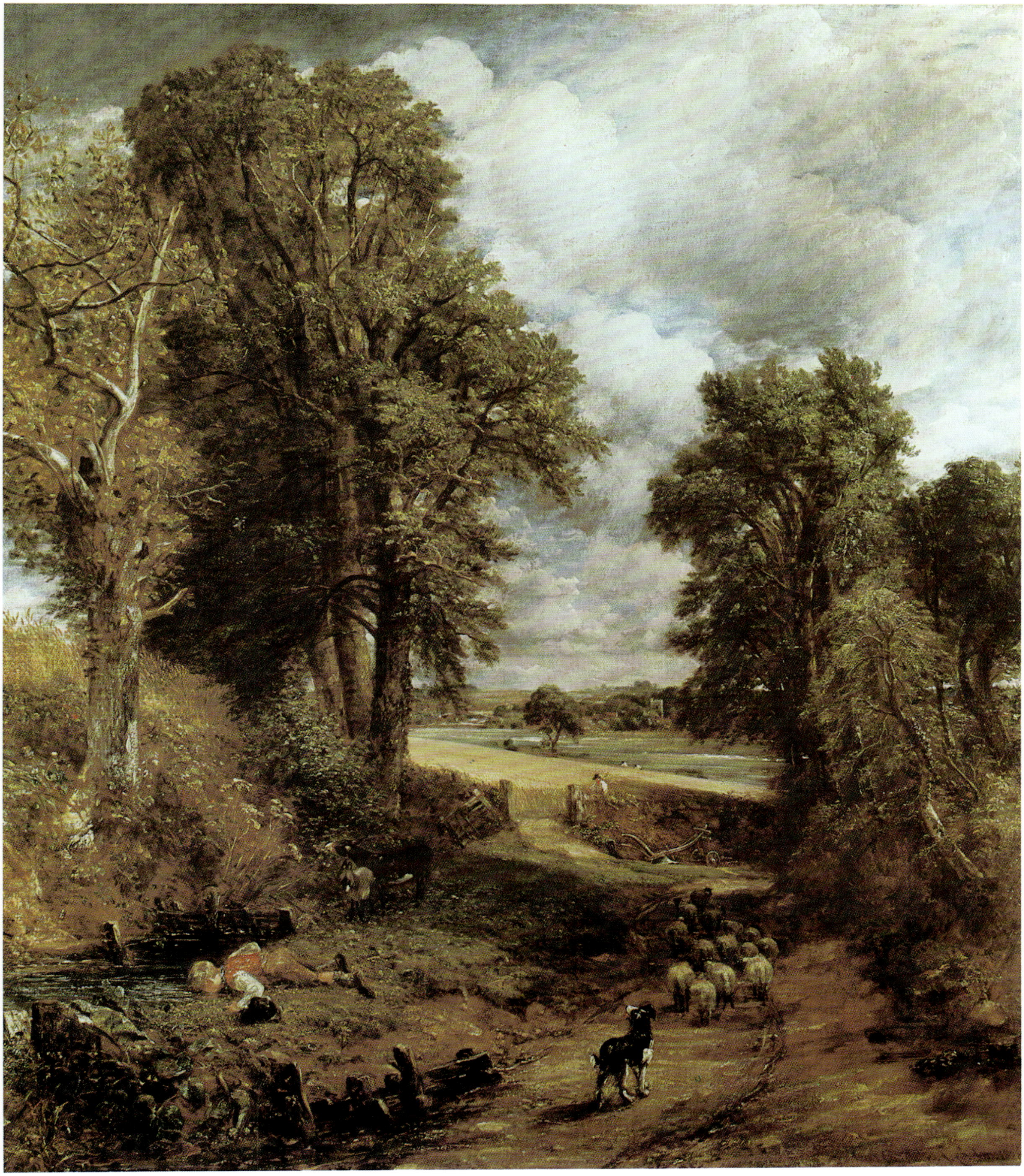

40 《小麦田》（彩色图版 39）局部
Detail from 'The Cornfield' (Plate 39)

在这幅《小麦田》的细节图之左侧，正吃着草的黑驴也出现在曾于 1811 年在皇家艺术研究院展出的画作《戴德姆河谷：早晨》（*Dedham Vale: Morning*，图 47）中。后者展现了斯陶尔河谷沐浴在令人惊叹的柔和晨光中的场景，是康斯太勃尔在绘画生涯早期完成的作品中最为成功的画作之一。维多利亚与艾伯特博物馆也藏有一幅描绘一头驴和它的小驴驹的习作。在作品中，康斯太勃尔经常会使用并重复使用类似的主题，在他生命后期，他还会时不时地回顾他早期的素描和油画作品，以寻求灵感。像这样在画作中包含"如画"元素（如驴）的做法，也许有部分原因是为了取悦潜在客户，但康斯太勃尔同时也认为它们代表着大自然谦逊的一面，这也是他的艺术理念所提倡的观点。

图 47
戴德姆河谷：早晨

1811 年
布面油彩
私人收藏

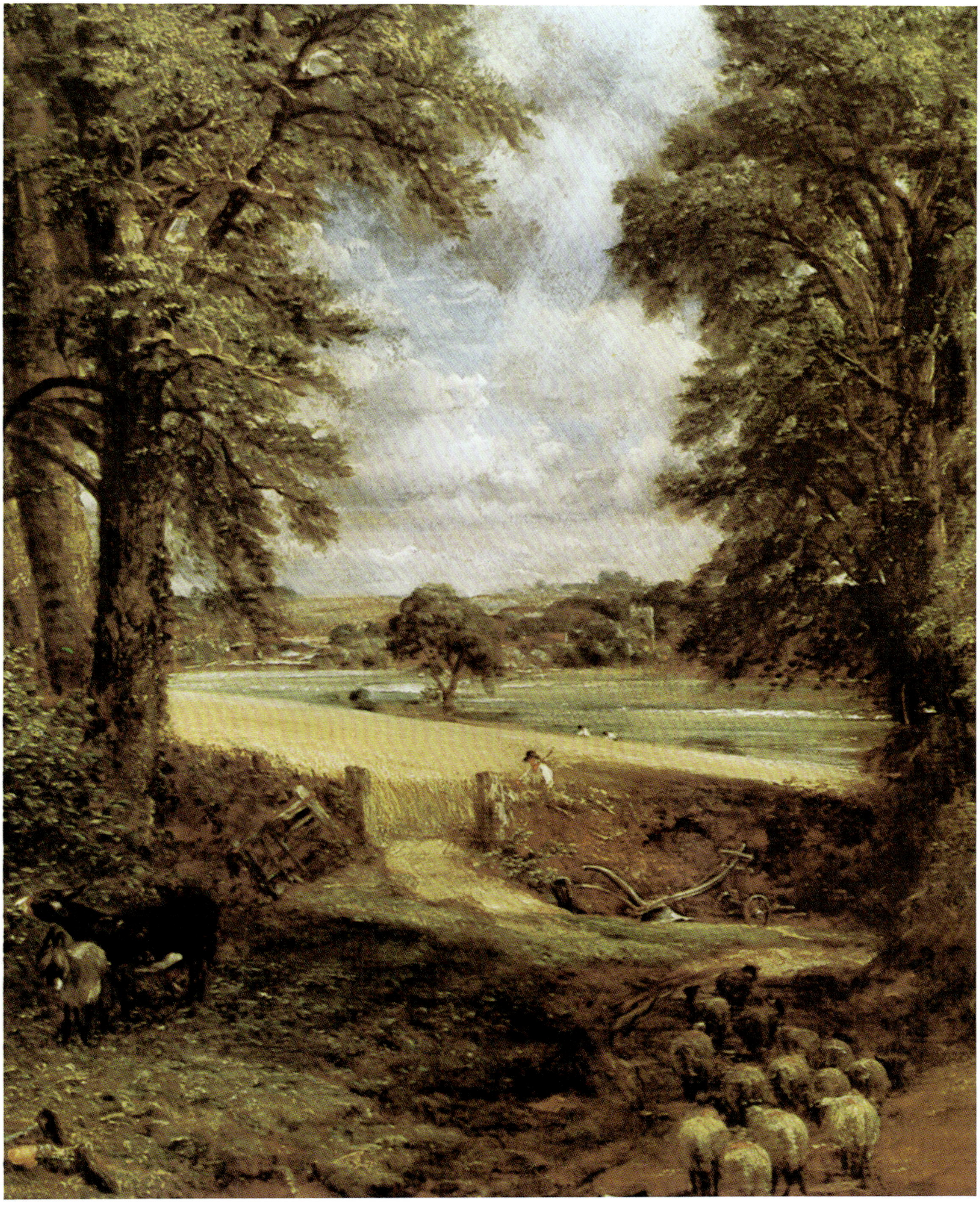

41 海滨长廊和链条码头，布莱顿
Marine Parade and Chain Pier, Brighton

1826—1827年；布面油彩，127cm×185cm；泰特不列颠美术馆，伦敦

19世纪20年代中期，康斯太勃尔时常会去布莱顿看望他的夫人。显然，布莱顿便是这幅画作的描绘对象。它曾于1827年在皇家艺术研究院展出，也是康斯太勃尔唯一一幅描绘布莱顿的精饰大尺幅作品。实际上，这是他首次展出一幅不是描绘斯陶尔河谷场景的"六英尺"画作。康斯太勃尔在1827年4月6日写给画商多米尼克·科尔纳吉（Dominic Colnaghi）的信中说道："费希尔相当喜欢我画的海岸，至少他觉得这在绘画主题上是一个好的转变。"康斯太勃尔喜欢布莱顿的海和天空，但他又认为一切与时髦的度假胜地相关的事物都令人厌恶，甚至连渔船都是扰人的，因为"……这些主题在展览中是那么的平庸"，并且成为"如画"类别的绝对主题，在他看来很是肤浅。他写道："海的壮阔，和它……永恒的声音，被喧嚣淹没，迷失在驿站马车的嘈杂声中——车轮滚动的声音——海滩只是在海边的皮卡迪利罢了。"然而，这一绘画主题还是给了他描绘壮阔天空的机会。

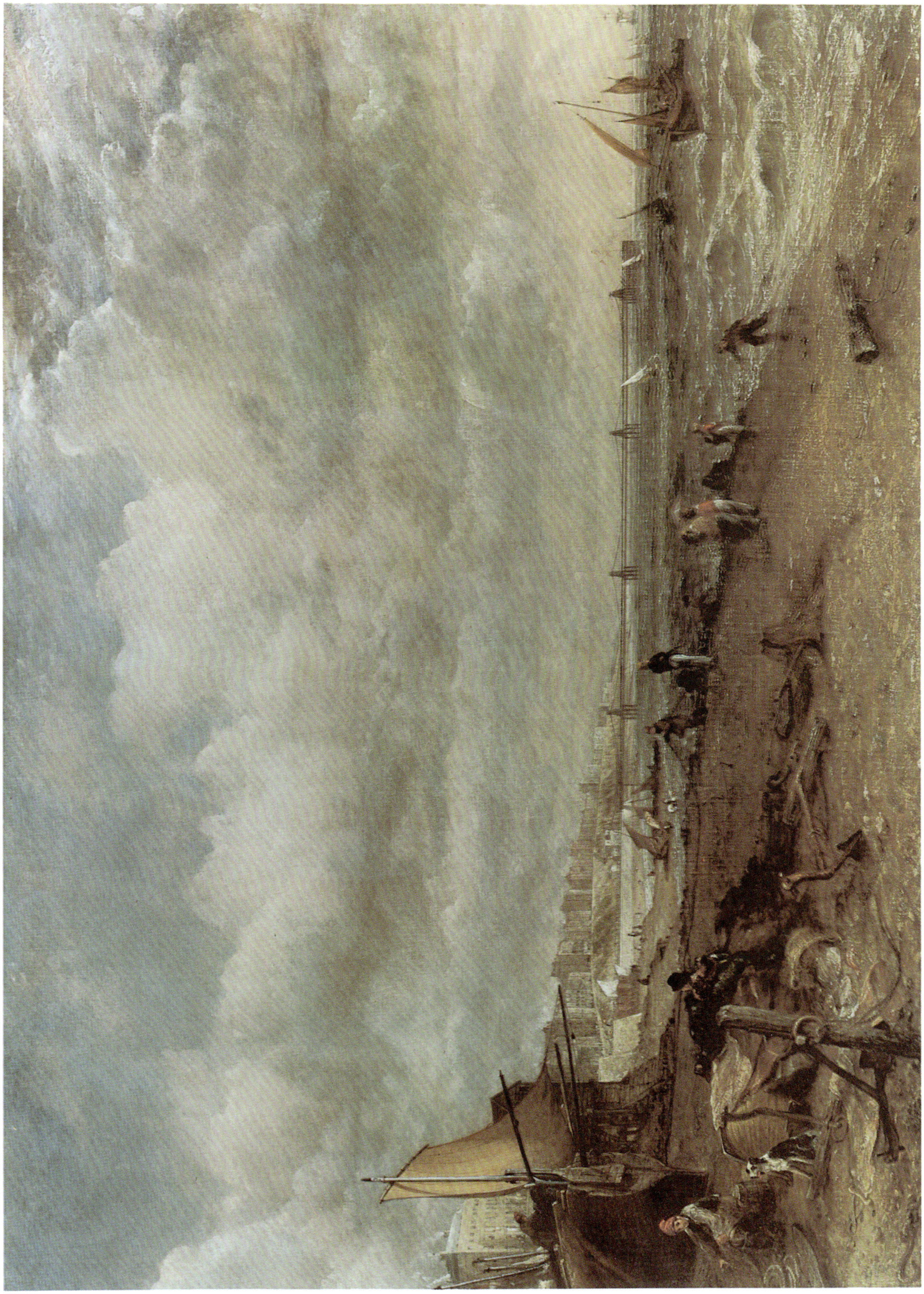

42　汉普斯特德荒野：布兰奇丘之池
Hampstead Heath: Branch Hill Pond

1828年；布面油彩，60cm × 77cm；维多利亚与艾伯特博物馆，伦敦

　　布兰奇丘之池位于贾奇路（Judge's Walk）的下端，现在已不再是池塘的形态了。这幅描绘它的油画是基于一幅作于1819年（见图39）、现藏于维多利亚与艾伯特博物馆的油彩速写完成的。康斯太勃尔（尤其是在晚年）时常会回顾早期的速写，以用作终稿的素材。这幅作品曾于1828年在皇家艺术研究院展出，《戴德姆河谷》（图16）也于同年在苏格兰国家美术馆展出。同样的，后者的构图也源自一幅在1802年创作的早期速写《戴德姆河谷》（彩色图版3）。布兰奇丘之池这幅画由卢卡斯制成美柔汀铜版画，发表在出版于1831年9月的康斯太勃尔的《英国自然风景》书中。画中出现在山坡上的工人们正掘着土。与较早时期完成的油画《汉普斯特德荒野》（彩色图版22）相比，这幅画更为戏剧性，更具阴郁色彩，这体现在阴影的丰富程度和深度，及暴风雨般的天空和充满激情的笔触中。这是康斯太勃尔最爱描绘的汉普斯特德荒野的画面结构之一，他在不同画作中都重复使用过。

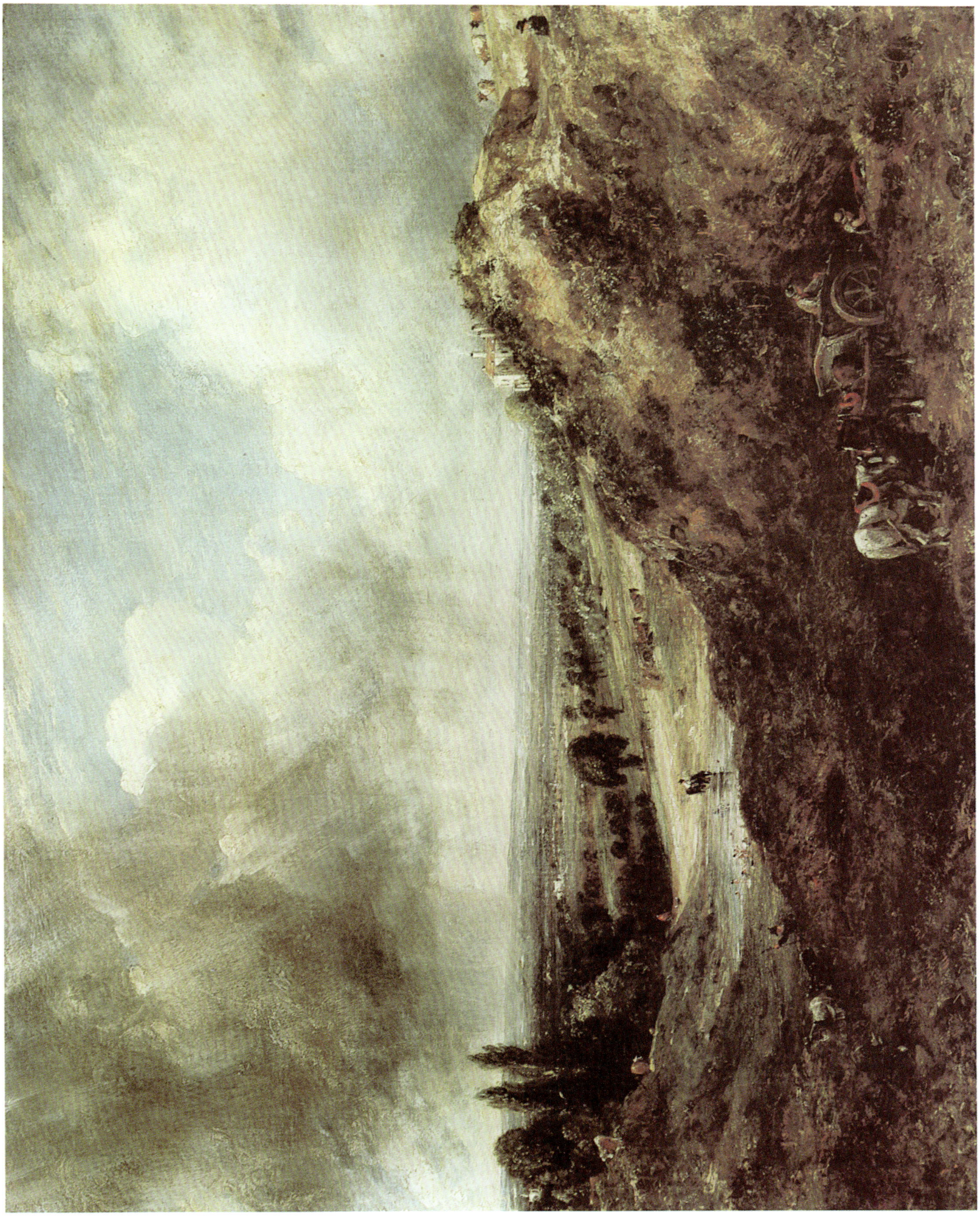

43 为《哈德雷城堡》所作的等尺幅习作
Full-Scale Study for 'Hadleigh Castle'

1829年；布面油彩，123cm × 167cm；泰特不列颠美术馆，伦敦

图 48
哈德雷城堡：泰晤士河河口——早晨，在暴风雨夜后

展出于 1829 年
布面油彩
保罗·梅隆藏品，耶鲁大学英国艺术中心，
康涅狄格州纽黑文

　　《哈德雷城堡》的构图参考了一幅作于 1814 年的铅笔素描。据记载，康斯太勃尔仅在那一年到过埃塞克斯海岸。这幅等尺幅习作和现存于耶鲁大学英国艺术中心的最终稿（图 48）都展现了他在 19 世纪 20 年代的后五年，从描绘一系列具当地色彩且有详细所指的斯陶尔河谷转向更为戏剧性、更具普遍性的大自然的过程，后者唤起的是普遍性情感。像他有时候会做的那样，康斯太勃尔在目录边加上了诗句，这次是汤姆逊的《夏日》（*Summer*），描绘了一片荒凉而令人焦躁不安的废墟场景、海面和闪烁的光。这片景色的伤感特质和废弃的城堡在反映他夫人于 1828 年去世后他所感到的绝望的同时，也展现了他对风景更广泛的看法。康斯太勃尔于 1836 年在皇家艺术研究院展出的水彩画《巨石阵》（图 12）也体现了他对废墟及哈德雷城堡周边环境的关注。

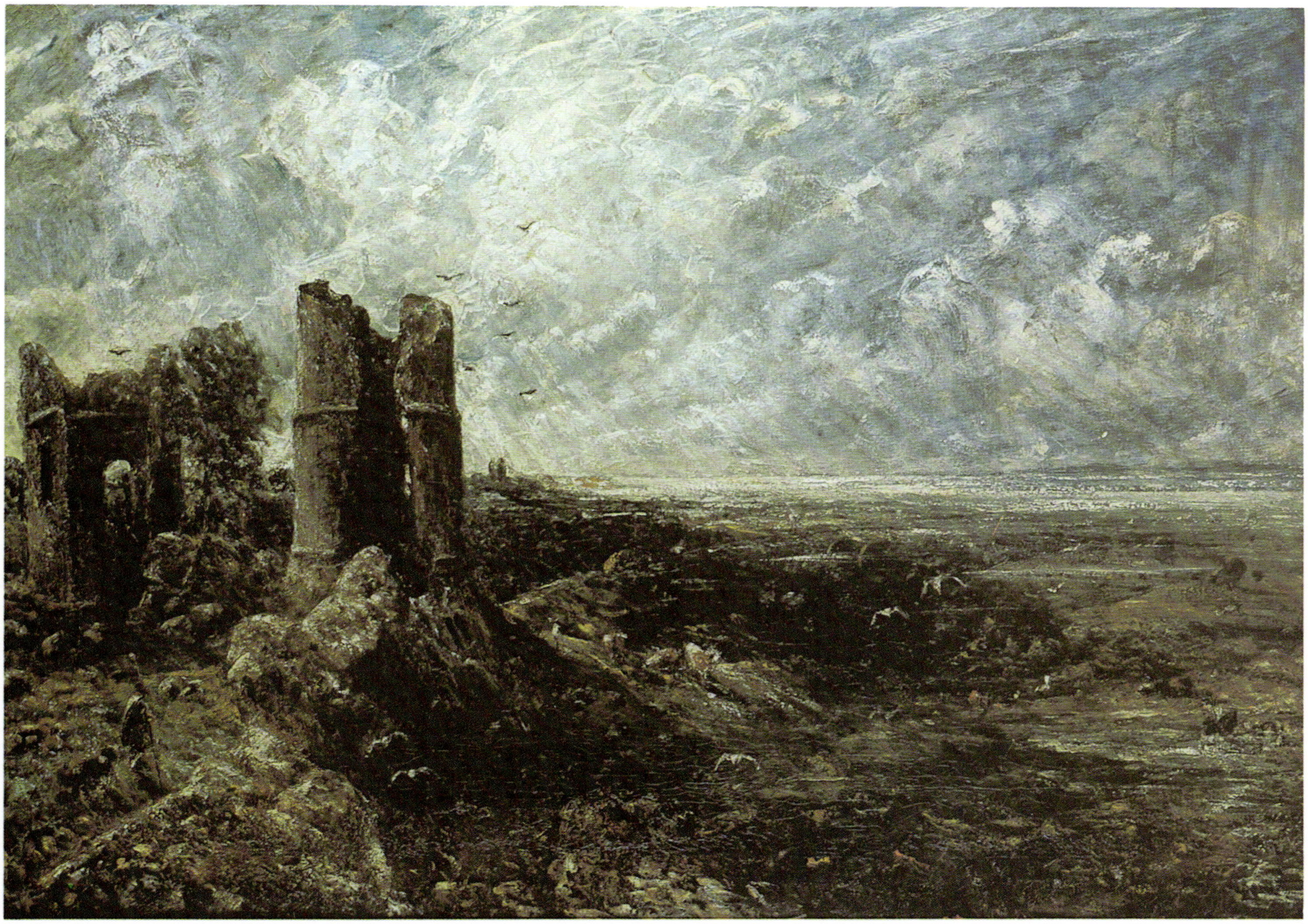

44 从草地看索尔兹伯里大教堂
Salisbury Cathedral from the Meadows

1831年；布面油彩，147cm × 189cm；私人收藏

　　现存于维多利亚与艾伯特博物馆，描绘从主教的庭园看到的索尔兹伯里大教堂的作品（见图9）是受主教委托而作的，它曾于1823年在皇家艺术研究院展出。画面所呈现的是对教堂南面细致入微的刻画，前景中哥特式拱门状的树木将教堂尖塔框在中间。在彩色图版中的这幅画曾于1831年展出，是康斯太勃尔所画的最后一幅描绘索尔兹伯里大教堂的作品，而它与之前的几幅都不尽相同。它并非是一幅委托之作，在很多方面也以一种宏观的方式总结了康斯太勃尔认为大自然是上帝之启示的想法。画面笔触既厚重又密集，同时又很精细，对视觉的冲击不亚于复杂而有力的音乐和弦对双耳的刺激程度。彩虹在教堂上方出现，影射着希望和大自然的色彩，而教堂则象征着整个教派——一朵乌云出现在它的上方。虽然相比起《干草车》来说更为宏伟，但这幅风景画所呈现的大自然和传统的运货马车的侧面都令人联想到《干草车》的绘画主题。我们也许不能依据康斯太勃尔个人的意图来证实这一象征性的解读，但与他早期那些具备强烈的当地色彩的作品相比，这宏伟的整体结构和独特的元素看上去更是在指向一种更为普遍的风景画概念。早期绘画中的细节重现在画面中，如《小麦田》（彩色图版39）中的黑白花狗、《干草车》（彩色图版23）中的船。这些都特点都印证了以下事实：康斯太勃尔的大幅作品，尤其是晚期作品，都是根据素描和回忆在工作室中完成的。它们并非是在景物前直接描绘而得，而是根据他多年来与大自然的接触以及他脑海中成型的图像来完成的。

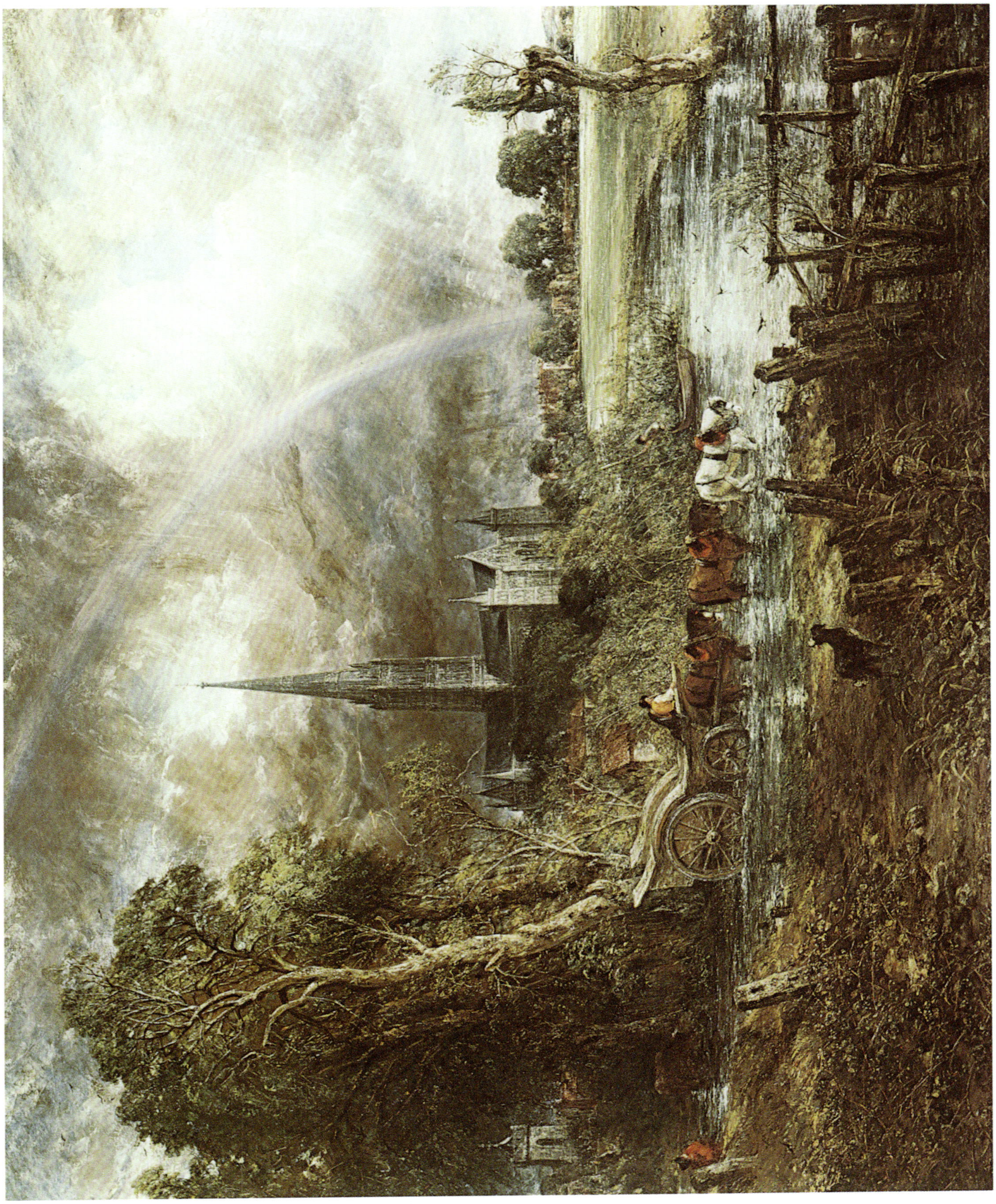

45　汉普斯特德的景色，望向伦敦方向
View at Hampstead, Looking towards London

1833年12月7日；水彩，11cm × 19cm；维多利亚与艾伯特博物馆，伦敦

图49
伦敦上空的双彩虹

1831年
水彩，擦拭技巧
大英博物馆，伦敦

　　这幅水彩画的背面写着"汉普斯特德，1833年12月7日3点——狂风暴雨的下午——刮大风"。它展现了从汉普斯特德的水井路6号的一扇后窗中所看到的景象——康斯太勃尔在1827年以后便居住于此。通过它看向城市时，人们还能在积云满盖的远方看到圣保罗大教堂那若隐若现的圆顶。

　　终其一生，康斯太勃尔都在他的素描和草稿上注上画作完成时的时间点。《伦敦上空的双彩虹》(*View over London with a Double Rainbow*，图49)的背面便写着"晚上6点和7点之间，1831年［6月？］"。康斯太勃尔为彩虹着迷，他在汉普斯特德将这一不寻常的天气现象描绘下来。同年，他的《从草地看索尔兹伯里大教堂》(彩色图版44)也在皇家艺术研究院展出，那幅作品同样有着一道充满戏剧性的彩虹。

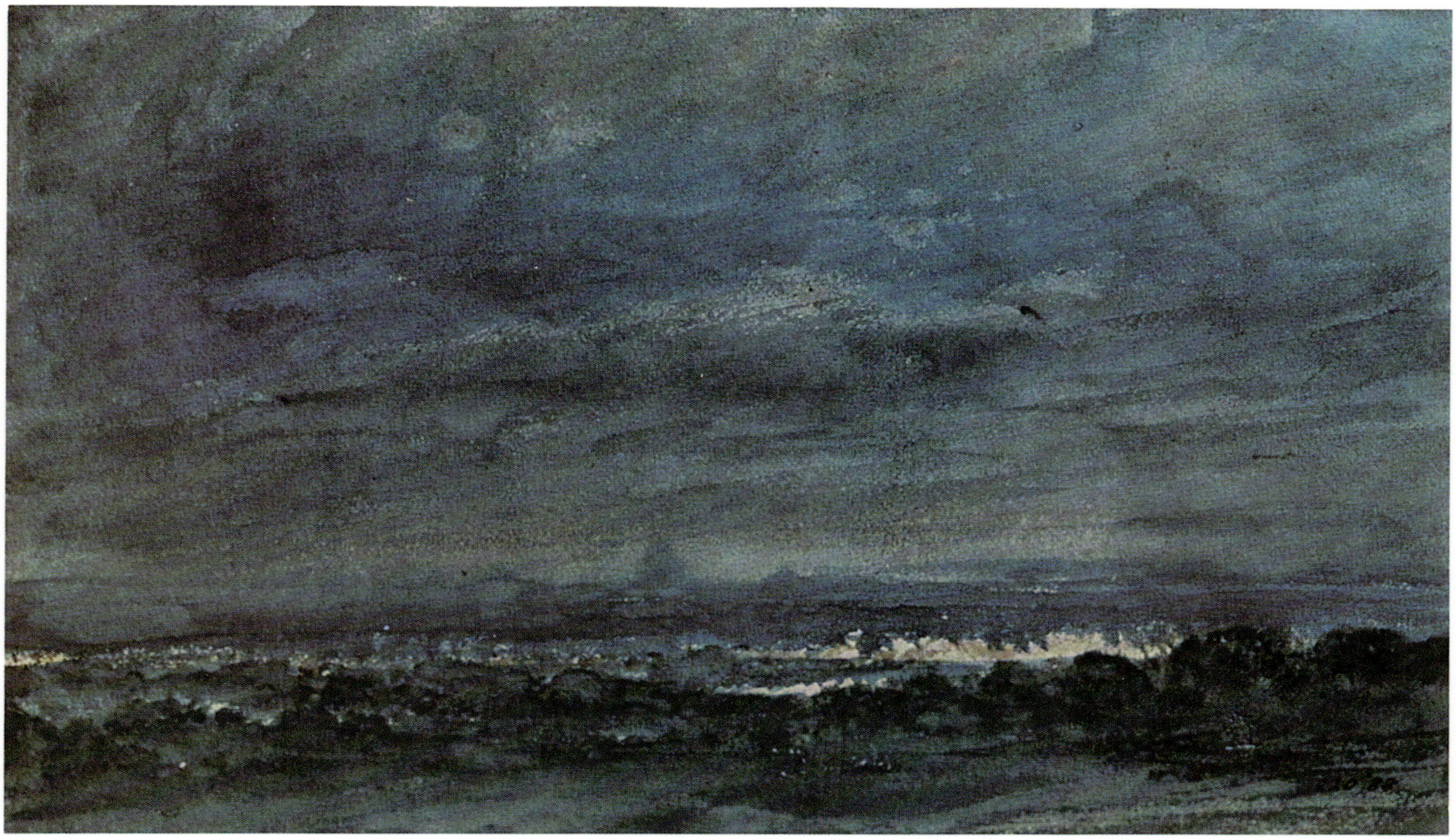

46 河谷农庄
The Valley Farm

1835年；布面油彩，149cm × 126cm；泰特不列颠美术馆，伦敦

　　《河谷农庄》是一幅康斯太勃尔晚期的作品。他眼中的斯陶尔河谷充斥着怀旧之情，及在时间和空间上的距离感。这片乡村风景在画中变得宏伟起来。威利·洛特的农舍以露出明木架房屋的形式出现在画中。画面右侧那株有着银色枝干的树的原型来源于一幅描绘梣树的素描（图50），这也许是康斯太勃尔根据在汉普斯特德所画的习作而作，不过这也可能取自小约翰·邓索恩在东伯格霍尔所绘的关于梣树的草图。1835年2月14日，康斯太勃尔在写给老约翰·邓索恩的信中问其借看他儿子的习作，康斯太勃尔说道："我正在画一两株梣树。"秋天的棕色调主导画面。像往常一样，康斯太勃尔在它于皇家艺术研究院的展出之后，还在画上做了些许更改。1835年的10月，他写道："上油、上光、刮痕，看上去是非常满意了。'冰雹'和'雪'都消失不见，在它们原有的位置上，有的只是银色、象牙白和一点金色。"

图50
一棵树的素描

约1835年
铅笔和水彩
维多利亚与艾伯特博物馆，伦敦

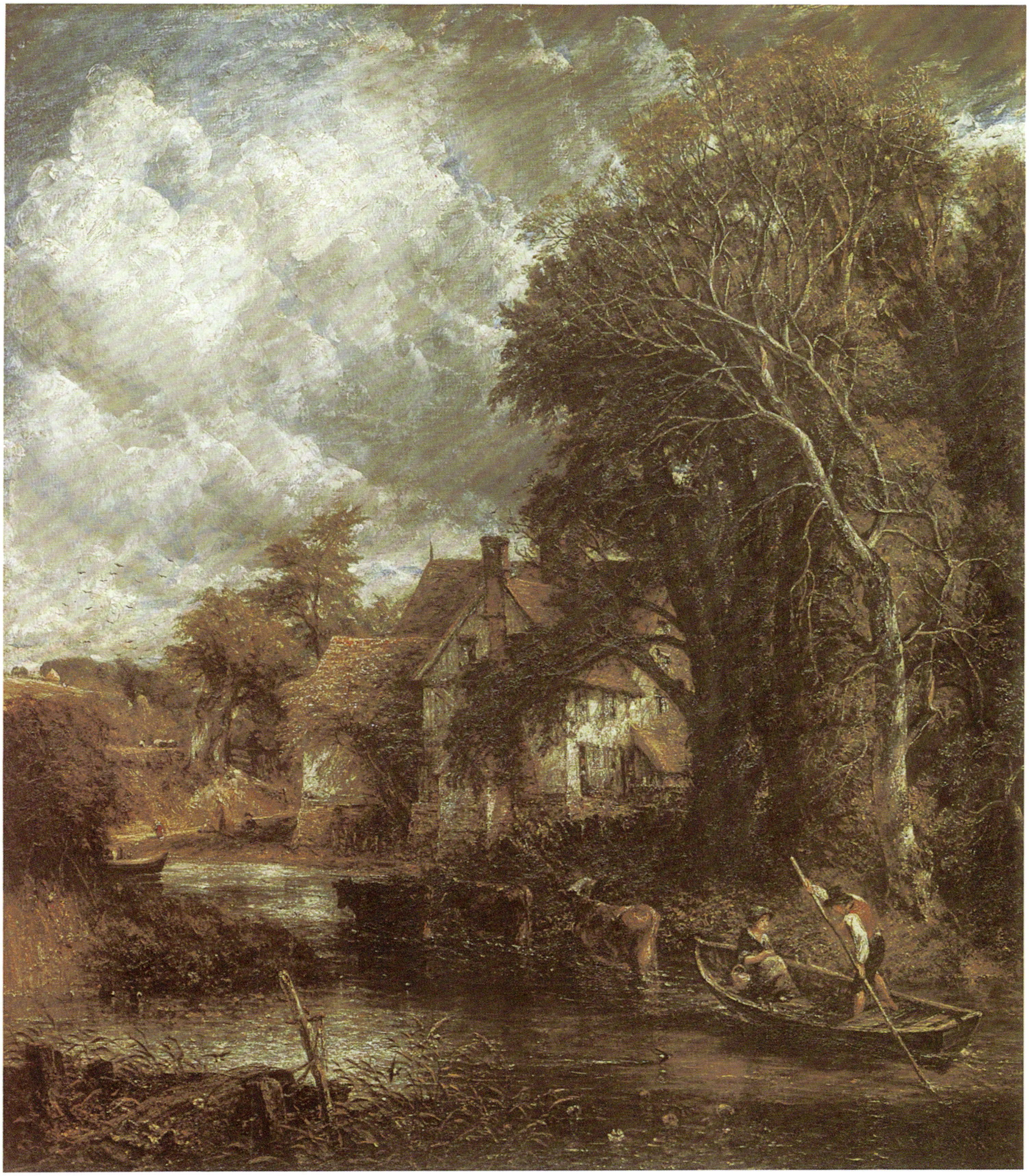

47

水边的农舍与河流风景
A River Scene with a Farmhouse near the Water's Edge

约1830—1836年；布面油彩，25cm × 35cm；维多利亚与艾伯特博物馆，伦敦

图51
东伯格霍尔特的村舍

1835—1837 年
布面油彩（？）
利斐夫人画廊，日光村港口

在他画家生涯的晚期，康斯太勃尔的笔触变得更为自由而又富有激情，但奇特的是，它们同时也很精致。这点可以从这幅画作和作于同一时期，但也许更为强烈的《东伯格霍尔特的村舍》(*Cottage at East Bergholt*，图 51）中看到。虽然他视它们为成稿而非习作，但是康斯太勃尔可能并没有想过展出这些作品。它们具有一种普遍性的特点，因为即使在这些画中有可辨认，或几乎可被辨认出的之前斯陶尔河谷系列画作中的特点，它们显然旨在捕捉这些景象中的情感精髓，而非是在描绘具体地方的地形特征。云和树的真实结构以及色块间的界限消失不见，写实主义的目的也变得模糊。

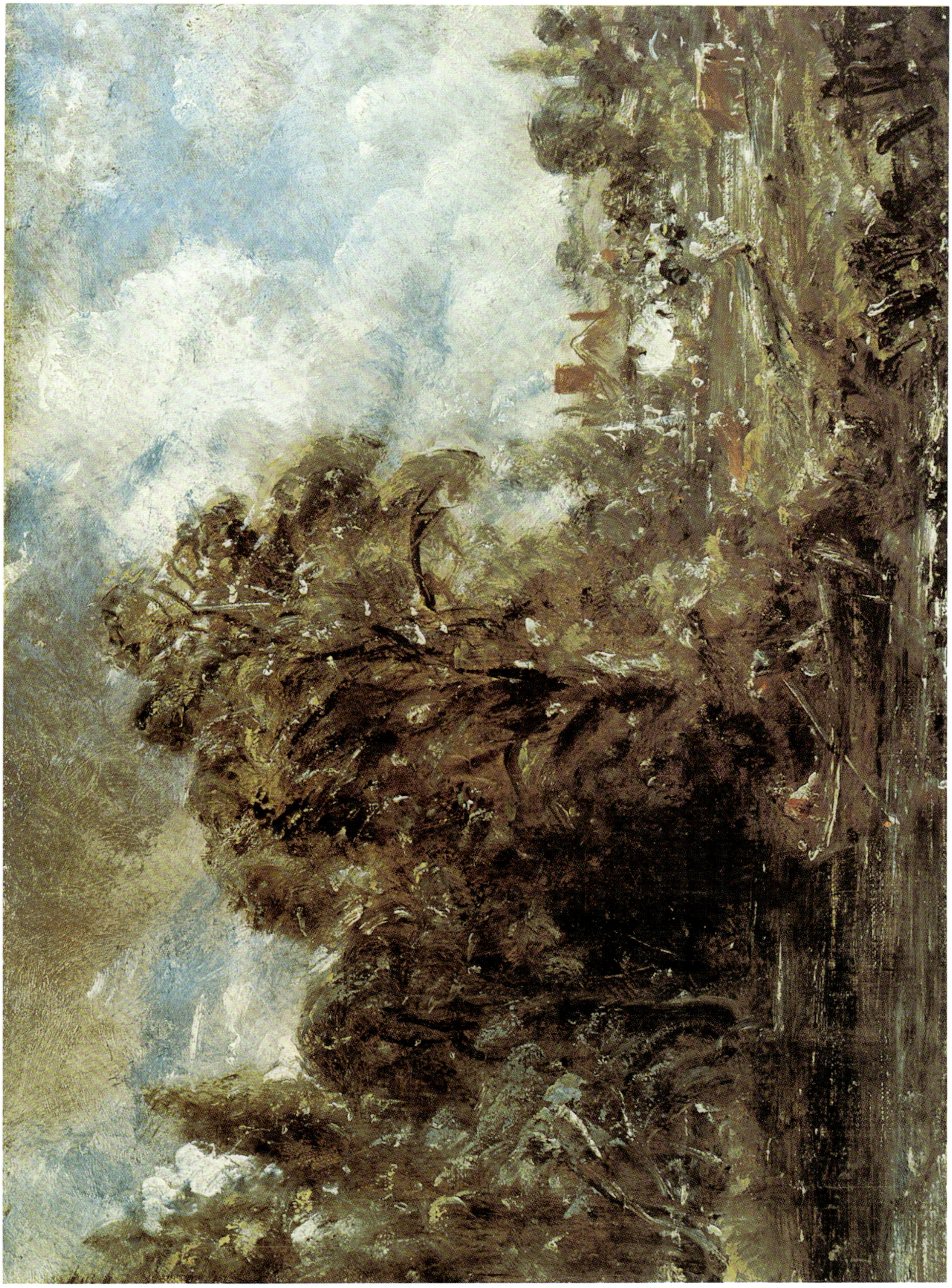

48　斯陶尔河谷的树丛和一片水域
Trees and a Stretch of Water on the Stour

约1830—1836年；铅笔及乌贼墨淡染，20cm × 16cm；维多利亚与艾伯特博物馆，伦敦

图 52
生长于山谷中的树

题字"菲特沃斯村,1835 年 7 月 16 日"
铅笔
维多利亚与艾伯特博物馆，伦敦

　　这幅水墨画与另一幅类似的习作在同一张纸上，它创作时间相对较晚且非同寻常。纸张被分成两半，且都存于维多利亚与艾伯特博物馆。两幅作品都是基于先前一幅作品的结构变化而得，这一事实指出它们也许是室内练习的成果。在他的晚年，康斯太勃尔一直关注于宽阔的光影团块组合来描绘大自然戏剧化的"明暗对照法"。

　　作于 1835 年 7 月 16 日的《生长于山谷中的树》（*A Tree Growing in a Hollow*，图 52）和康斯太勃尔在同年于萨塞克斯使用的速写本中的部分作品，都体现了他在晚年的铅笔素描是多么自由而富有表现力。

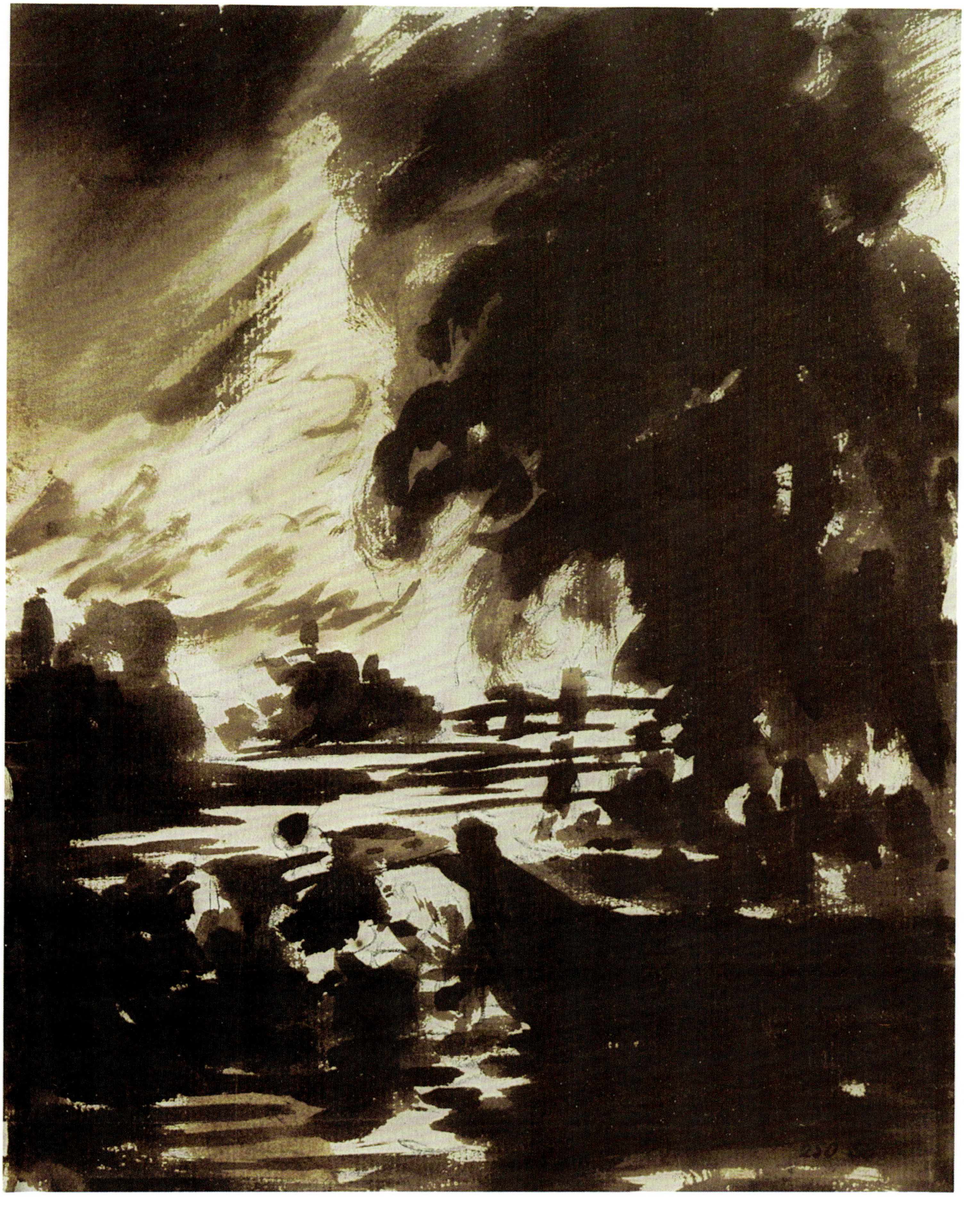

"彩色艺术经典图书馆" 系列介绍

这是一套系统、专业地解读艺术，将全人类的艺术精华呈现在读者面前的丛书。

整套丛书共有46册，精选在艺术史中占据重要地位的38位艺术家及8大风格流派辑录而成，撰文者均为相关领域专家巨擘。在西方国家，该丛书被奉为"艺术教科书"，畅销40多年，为无数的艺术从业者和艺术爱好者整体、透彻地了解艺术发展、领悟艺术真谛提供了绝佳的途径。

丛书中每一册都有鞭辟入里的专业鉴赏文字，搭配大尺寸惊艳彩图，帮助读者深入探寻这些生而为艺的艺术大师，或波澜壮阔，或戏剧传奇，或跌宕起伏，或困窘落寞的生命记忆，展现他们在缤纷各异的艺术生涯里的狂想、困惑、顿悟以及突破，重构一个超乎想象而又变化莫测的艺术世界。

无论是略读还是钻研艺术，本套丛书皆是不可错过的选择，值得每个人拥有！

以下是"彩色艺术经典图书馆"丛书分册：

（按书名汉字笔画排列）

凡·高 威廉·乌德 著	**毕加索** 罗兰·彭罗斯、大卫·洛马斯 著	**勃鲁盖尔** 基思·罗伯茨 著	**浮世绘** 杰克·希利尔 著
马奈 约翰·理查森 著	**毕沙罗** 克里斯托弗·劳埃德 著	**莫奈** 约翰·豪斯 著	**康斯太勃尔** 约翰·桑德兰 著
马格利特 理查德·卡尔沃可勒西 著	**丢勒** 马丁·贝利 著	**莫迪里阿尼** 道格拉斯·霍尔 著	**维米尔** 马丁·贝利 著
戈雅 恩里克塔·哈里斯 著	**伦勃朗** 迈克尔·基特森 著	**荷尔拜因** 海伦·兰登 著	**超现实主义绘画** 西蒙·威尔逊 著
卡纳莱托 克里斯托弗·贝克 著	**克里姆特** 凯瑟琳·迪恩 著	**荷兰绘画** 克里斯托弗·布朗 著	**博纳尔** 朱利安·贝尔 著
卡拉瓦乔 蒂莫西–威尔逊·史密斯 著	**克利** 道格拉斯·霍尔 著	**夏尔丹** 加布里埃尔·诺顿 著	**惠斯勒** 弗朗西丝·斯波尔丁 著
印象主义 马克·鲍威尔–琼斯 著	**拉斐尔前派** 安德烈娅·罗斯 著	**夏加尔** 吉尔·鲍伦斯基 著	**蒙克** 约翰·博尔顿·史密斯 著
立体主义 菲利普·库珀 著	**罗塞蒂** 大卫·罗杰斯 著	**恩斯特** 伊恩·特平 著	**雷诺阿** 威廉·冈特 著
西斯莱 理查德·肖恩 著	**图卢兹–劳特累克** 爱德华·露西–史密斯 著	**透纳** 威廉·冈特 著	**意大利文艺复兴绘画** 莎拉·埃利奥特 著
达·芬奇 派翠西亚·艾米森 著	**庚斯博罗** 尼古拉·卡林斯基 著	**高更** 艾伦·鲍内斯 等著	**塞尚** 凯瑟琳·迪恩 著
达利 克里斯托弗·马斯特斯 著	**波普艺术** 杰米·詹姆斯 著	**席勒** 克里斯托弗·肖特 著	**德加** 基思·罗伯茨 著

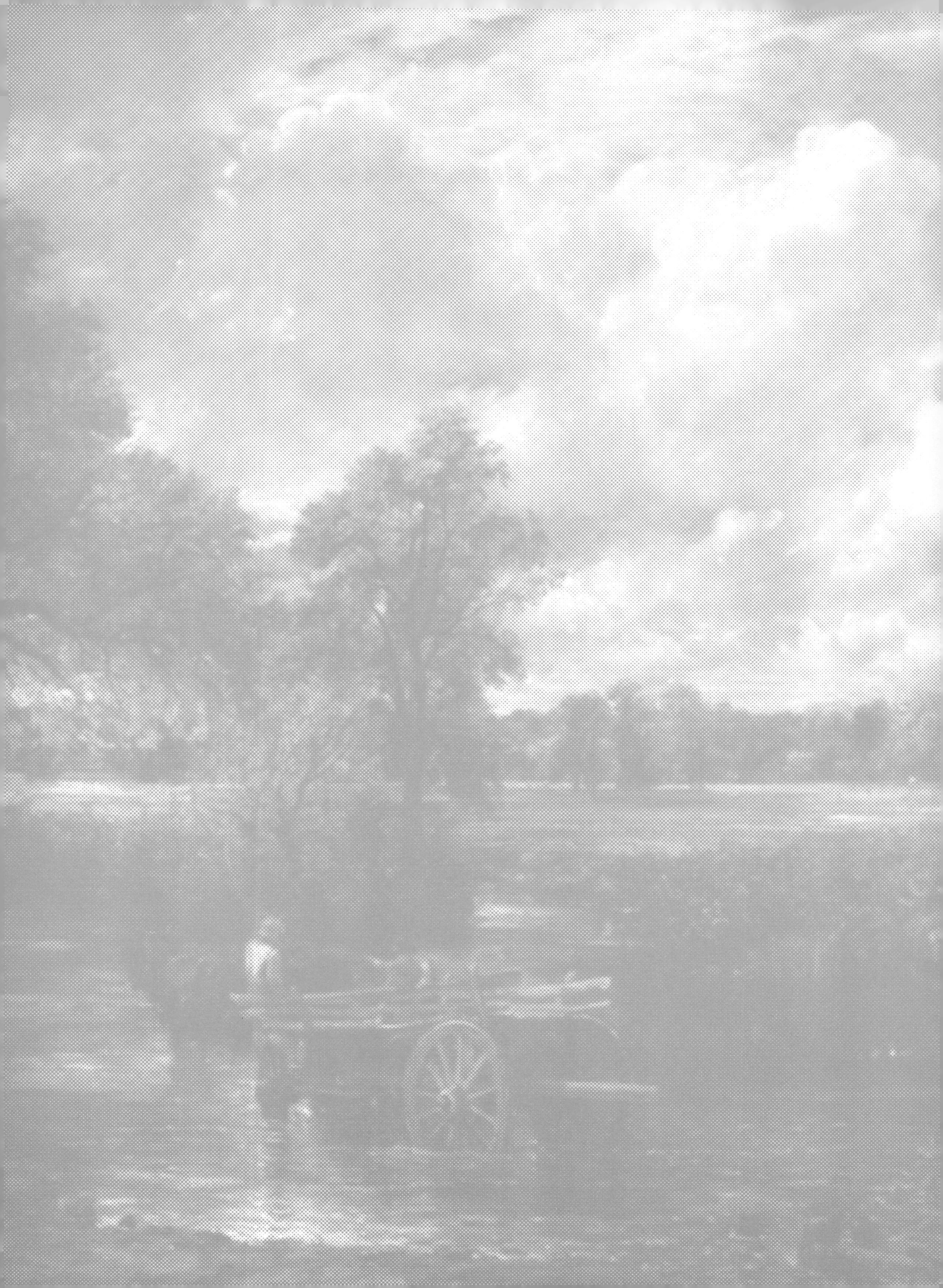